아이들의 권리 부모의 권리

오자와 컬렉션 ❹ 아이들의 권리협약을 읽다

아이들의 권리 부모의 권리

엄마와 아이가 행복해지는 법

오자와 마키코 지음 / 이철웅 감수 / 박정훈 옮김

서현사

아이들은 스스로 생각하며 살고 싶다

‘아이들의 권리협약’이 1989년 유엔총회에서 만장일치로 채택된 지 벌써 27년이 흘렀다. 아이와 어른의 관계를 생각하면서 내가 이 책을 쓴 것은 일본이 협약을 비준한 1994년, 그다음 해의 일이다. 그로부터도 20년이나 지났다. 그런데 지금 일본, 한국, 그리고 세계의 아이들의 행복은 정말로 지켜지고 있을까?

이 권리협약에 아이의 생존과 발달의 권리를 소리 높여 주장하고 있음에도 불구하고, 지구상의 많은 나라에서 아이들이 생명이나 영혼을 위협받고 있는 상황이 지금도 계속되고 있다. 전쟁 속에서, 난민 생활 속에서, 빈곤에 의해서, 심지어 부모에게 목숨을 잃는 아이들도 있다. 평화로운 나라로 여겨지는 일본에서도 아이를 죽이거나 아이의 자살이 끊임없이 일어나고 있다. 최근 일본의 신문에서는 학교 선생님에게 도둑질을 했다는 의심을 받고, 진학에 필요한 추천을 받지 못하여 자살을 한 중학생의 비극이 보도되었다. 또한 어린이집에 아이를 봐달라고 할 수 없어 일을 계속할 수 없는 많은 어머니들의 고뇌가 큰 사회

문제가 되고 있다. 아이들은 지금도 최대 약자이며, 어린아이를 둔 어머니들도 아이에 관한 큰 고민을 안고 있다. 그런 곤란한 사회적 상황 속에서 이 책이 한국어로 번역되어 한국 독자들의 손에 전해지게 된 것을 나는 마음속 깊이 영광으로 생각하고, 아이와 그 부모들을 위해서 기쁘게 생각한다.

인간사회의 역사 속에서 민족 차별·인종 차별·여성 차별·장애자 차별·학력 차별·직종 차별 등 차별은 긴 시간에 걸쳐서 여러 곳에서 극복되어왔다. 그것에 대한 끈질긴 저항은 고투와 연대連帶의 역사 속에서 전개되어왔다. 그러다가 12세기 후반 무렵 새로운 차별의 영역이 열렸다. 그것은 아이 차별의 시각이다. 오랫동안 아이는 어른의 부속물이고 한 명의 인간으로서 인식되지 않았으므로 아이가 차별받는 존재라는 생각은 거의 없었다.

덧붙이면, 30년 전 내가 처음으로 출판한 책의 제목은 《아이 차별의 사회》였다. 두 아이의 엄마가 된 나는 '여자 주제에'란 말을 듣고 싶지 않았으면서도, 혹시 '아이 주제에'란 시각을 가지고 있지 않았나 생각해보고 싶었기 때문이다. 그 뒤로 긴 세월이 지났지만, '아이 차별'의 문제는 여전히 문제점이 많고, 지금까지도 많은 과제를 갖고 있다.

아이를 비난할 때 '건방진'이란 말이 있다. '아이 주제에 건방진 말을 하는 게 아니야', '한 사람 몫도 하지 못하면서 건방지게 말대답 하지 마', '가만히 있어' 등 윗사람의 시각에서 상대를 몰아붙이는 말이다. 확실히 아이는 어른보다 체력도 판단력도 낮고, 인생경험도 짧아서 어른에 비해 뒤떨어지는 점이 많을지도 모른다. 하지만 오랫동안 살아온 어른이 잊어버리고 잃어버린 것들을 아이들은 어리기 때문에 가지고 있는 경우가 있다. 힘을 가지고 있는 어른의 입장에서는 보이지 않는 것을 아이가 날카롭게 꿰뚫어 보는 경우도 있다. 오래된 어른 쪽이 언제나 옳다고 할 수 없다. 약한 입장에 놓인 아이의 말을 듣는 것으로 어른은 자신의 교만과 잘못됨을 눈치 채고 새로운 시각을 갖는 경우도 적지 않다.

아이는 체력뿐만 아니라 사회적인 입장도 약하므로, '군소리 하지 말고 어른이 하는 말을 들어'라는 말을 들어왔다. 거기에 저항하면 방금 말했던 '건방진'이라는 비난의 말이 등장하고, 아이의 말을 막아버린다. 그러므로 아이도 어른도 다른 입장이지만 같은 인간이라는 생각을 적용하면, 아이는 오랫동안 차별당한 존재라는 표현을 쓸 수 있다. 이 책에서 소개하고 해설한 '아이들의 권리협약'은 아이는 지켜지고 안전하게 살 권리를 갖는다는 것뿐만 아니라 자신의 생각을 표명하는 권리를 갖고 있다는 입장을 처음으로 명확하게 나타냈다. 아이는 확실히 어른들이 감싸주어야 할 존재이지만, 한 명의 인간으로서 자신의 의견을 말할 수 있다는, 지금까지 아이를 보는 관점과 다른 입장을 나타낸 것이다.

여기까지 서술한 문제는 아이만이 아니라 여성에게도 해당한다. 일본과 한국은 여성이 오랫동안 남성 중심 사회 속에서 '여자 주제에 건방지게', '변명하지 말고 남편을 따라라', '남자가 먼저, 여자는 나중. 남자가 우수하니까' 등 차별을 당해온 역사를 가지고 있다. 하지만 백여 년에 걸쳐 이 차별 구조가 조금씩 개선되어간 것은 모두가 알고 있는 내용이다. 여성도 자신의 말을 하고, 교육을 받고, 사회적인 일을 갖고, 차별을 극복하는 길을 걸어왔다. 아직 과제가 많이 남아 있지만 이 변화는 여성에게 용기와 기운을 주었다.

하지만 아이들은 어떨까? 기운을 얻은 어머니들 곁에서 학교에서의 경쟁에 내몰려 숨 막혀 하고 있지는 않을까? '아이는 한 사람 몫을 못하니까 자신의 의견을 내서는 안 된다'라고, 과거 여성이 들었던 말을 아이들에게 그대로 이야기하고 있는 것은 아닐까? 아이의 행복이란 무엇일까? 안전하게 지켜지고 사랑받는 것이 당연하지만 아이도 스스로 생각하면서 살고 싶어 한다. 과거 여성들이 그것을 원했던 것처럼 말이다. 이상하다고 생각되면 아이 나름대로 이상하다고 항의하고 싶을 것이다. 하지만 아이의 말 따위에 귀 기울여 줄 리 없다고 포기하고 절망하여, 스스로 목숨을 끊는 아이도 적지 않다. 아이들의 권리협약이 비준된 지 30년 가까운 시간이 지났지만 지금도 아이는 '가장 오래 차별을 받는 존재'일지도 모른다.

여기까지 '아이들의 권리협약'의 의의를 긍정적인 시점에서 서술했다. 단, 나는 이 조약의 내용을 완전하게 납득한 것이 아니라는 것을 말하고 싶다. 사실 의문이 생기는 부분이 여러 곳에 있다. 그 의문에 대해서는 이 책의 조문 해설 속에 솔직하게 털어놓았다. 예를 들어 제3조 '아이들의 최선의 이익'이란 조문이 그렇다. 아이가 지금의 자신에게 가장 좋다고 느끼는 것과 어른이 '지금 아이에게 최선의 이익이다'라고 생각하는 것과는 때때로 일치하지 않는다. 어른은 자주 '이렇게 해라. 너는 아직 어려서 세상을 모르지만 크면 부모가 한 말을 알게 될 거야'라는 식으로 말한다. 이를테면 등교거부 문제가 그렇다. 아이는 학교에 가지 않아도 살 수 있는 길을 원하는 데도, 어른은 '지금은 지쳤으니 푹 쉬어. 그래서 기운 차리면 학교로 돌아가는 것이 좋아'라고 생각하는 경우가 대부분이다. 부모와 아이, 부모와 교사는 권력관계 위에 있으므로, 무엇이 아이의 최선의 이익인가를 선택하는 것은 쉬운 문제가 아니다. 그런 문제점이나 곤란이 이 조약에도 많이 포함되어 있다. 그런 것들을 고려해서 자신들의 생활 실태에 맞춰가면서 꼼꼼히 조문을 읽고 생각해 나아갈 필요가 있다.

이 책에서 말했던 것이지만 사실 나는 '권리'라는 말을 좋아하지 않고, 거의 쓰지 않는다. 이 말은 개인을 너무 강조해서 사람과의 관계를 단절시키기 쉬운 말이라고 생각하기 때문이다. 개인의 권리를 고려하면서도 상대와 대등한 관계를 가지려고 노력하고, 언제나 서로 대화해나가는 것이 무엇보다도 소중하다고 생각한다. 이 협약은 아이와 어른의 관계를 되묻기 위한 귀중한 것이기는 하지만, 조문을 있는 그대로 받아들이는 것이 아니라 아이와 어른의 관계성을 재고하기 위한 기회로서 활용하고, 우리들의 삶에도 적용하고 싶다. 이 외에도 의문을 품게 되는 점들이 여기저기 있어서 본문에 언급해두었다.

마지막 장에서는 '어머니의 권리'에 대해서 언급했다. 여성 차별과 아이 차별은 깊은 관계가 있다고 위에도 적었지만, 아이를 가진 어머니일지라도 한 명의 여성으로서 사회와 연결되는 자신의 일을 갖고 싶어 하는 것은 자연스런 것이다. 아이를 낳더라도 지금까지의 일을 계속할 수 있는 제도적 보장은 꼭 필요하다. 권리라고 하는 말을 일부러 쓴다면 그것은 어머니들의 권리이다. 어머니의 충실한 인생은 아이의 안정된 삶에도 꼭 필요한 것이다.

그것을 위해서는 어린아이를 맡길 수 있는 어린이집이 필요하지만 일본의 도시들은 어린이집이 압도적으로 부족해서 부모들이 고생하고 있다. 도쿄에서는 최근 어린이집에 아이를 맡기는 것이 불가능한 어머니들이 항의하기 시작했고, 국회를 향한 시위가 벌어지고 있다. 안심하고 아이를 기르면서 일을 계속할 수 있는 사회를 실현하는 것이 어머니와 아이, 아버지, 그리고 사회 전체에 큰 문제이다.

2016년 5월

오자와 마키코

감수자의 글

아이들의 진정한 권리에 눈을 뜨자

오자와 마키코 선생과의 인연은 《학교란 무엇일까?》를 감수하면서부터 시작되었다. 우리나라의 학교 밖 청소년 문제는 일본보다 훨씬 심각한데 우리나라 사람들은 크게 관심은 갖고 있지 않은 상황이었다. 이 책을 감수하면서 오자와 마키코 선생의 사회적·심리학적 진단에 깊이 공감하게 되었다. 특히 작년에 의정부에서 선생의 특별강연을 통역하게 된 것은 나에게는 큰 행운이었다.

우리 사회, 특히 보수적인 교육현장에서는 '아이들의 권리'라는 용어는 잘 쓰이지 않는다. 그러나 최근 어른들의 잘못 때문에 희생되는 아이들이 적지 않은 우리 사회의 어두운 그림자를 걷어내기 위해서는 '아이들의 권리'가 반드시 실현되어야 한다. '아이들의 권리협약'이 채택된 지 30여 년 가까이 됐음에도 변변한 대응책을 마련하지 못하는 우리나라에서는 더더욱 그러하다. 경제적 부가 그 사회의 중심 가치라고 생각하는 것은 인간 본연의 가치를 모르는 이들의 보상적 심리일 뿐이다. 늦었지만 우리도 이제는 아이들의 진정한 권리에 눈을 돌려야 한다.

오자와 마키코 선생은 "이 권리협약에 아이의 생존과 발달의 권리를 소리 높여 주장하고 있음에도 불구하고, 지구상의 많은 나라에서 아이들이 생명이나 영혼을 위협받고 있는 상황이 지금도 계속되고 있으며, 전쟁 속에서, 난민 생활 속에서, 빈곤에 의해서, 심지어 부모에게 목숨을 잃는 아이들도 있다"라고 괴로운 심정을 드러낸다. 심지어 아이들의 자살문제 등을 지적함은 한국과 일본 사회가 같이 겪고 있는 문제라고 본다.

'아이들의 권리협약'은 아이들이 지켜지고 안전하게 살 권리뿐만 아니라 자신의 생각을 표명하는 권리를 갖는다는 입장을 처음으로 명확하게 나타냈다. 아이들은 아직 미성숙하지만 이에 따른 충분한 권리보장은 기성세대의 의무이기도 한 것이다.

우리는 흔히 "너희들이 뭘 알아?"하면서 아이들의 생각을 무시하는 경향이 있다. 하지만 아이들의 경험이 미약하고 생각이 깊지 않다고 무조건 무시하는 태도는 아이들의 심리발달과 정신건강을 해친다는 사실을 알아야 할 것이다. 아이들의 생각을 설득하는 일 또한 어른의 책무이다. 아이들이 안전하게 지켜지고 사랑받는 것은 당연한 일이고, 아이들이 바르게 성장할 때 우리의 미래가 약속되는 것이 아니겠는가?

아이를 부모의 소유물이라고 생각하여 아이들의 바람과 관계없이 진로를 선택하는 우리나라 현실에서 이 책이 청소년들에게 희망의 메시지를 주는 계기가 되기를 간절히 바란다. 또한 약자에게 횡포를 부리면서 자신의 욕구를 해소하려는 이 나라 소위 기득권층에게 약자는 보호받아야 할 존재임을 깨닫고, 파인 플레이fine play로 약자와 함께 세상을 같이 영위해가는 사회 구현의 디딤돌이 되라고 말하고 싶다.

약자가 없으면 결코 강자는 존재할 수 없으며, 어린 시절의 충분한 욕구의 실현은 우리 사회의 건강한 정신문화의 초석이 되는 것이다. 1989년 유엔에서 결의한 '아이들의 권리협약'이 이제라도 효능을 발휘할 수 있는 사회가 되기를 바라며 그 출발선에서 이 책을 우리나라의 많은 독자들이 공감해주기를 바란다.

이 순간에도 37만 어명에 이르는 아이들이 학교 밖에서 제대로 보호받지 못하고 위험 속에 노출되어 있다. 이 아이들의 영혼에 단비를 내려줄 시기는 과연 언제일까? 우리나라 골목골목에서 아이들의 행복한 웃음소리가 들려지기를 바라며, 어른들의 잘못으로 희생되는 아이들의 뉴스 기사가 영원히 사라질 날을 꿈꿔본다. 이 책이 우리 사회와 일본 사회뿐만 아니라 인류의 아이사랑 운동의 불씨가 되기를 기대한다.

2016년 5월

이 철 웅

차 례

시작하며

아이들은 언제나 뒷전으로 밀려 있었다. 여성들이 '차별에 맞선 해방'이나 '말할 수 있는 권리'를 주장하는 데 힘을 쏟는 동안 아이들은 언제나 조용히 입을 다물고 있었다. 그리고 어른들은 그것을 당연하다고 여겼다. 왜냐하면 아이들이 온전하게 한 사람의 몫을 하기에는 아직 어리다고 생각했기 때문이다.

그런데도 아이들은 "어른들은 비겁해요" 하거나 "우리도 사람이라고요"라고 항변히지 않았다. 이는 아직 어려서 논리적으로 문제를 제기할 수 있는 언어적 능력이 부족하기 때문이며, 그리고 그런 말을 하면 어른들에게 "어린놈이 건방진 소리를 하는구나!"라는 꾸중을 듣는다는 것을 알고 있기 때문이다.

불과 얼마 전까지만 해도 여성은 노인이나 남성에게서 '여자답지 않게 말을 한다', '도리를 모르는 여자다', '예쁘게 말하지 않는 여자다' 같은 말들을 들었으며 아이들과 비슷한 처지에 있었다. 그러나 이제 여성은 그런 말에 당당하게 이의를 제기하며 글로 표현하고 행동으로 나타내고 사회적 연대를 만들어 대응한다. 그런데도 여성은 여전히 자신들이 들었던 '말하는 것이 아이답지 않아', '어린것이 뭘 알아' 같은 말들을 아이들에게 남발한다.

언제부터 아이들을 무시하고 여성의 지위 향상에만 관심을 가졌는지 모르겠다. 그 사실을 알아차렸을 때는 이미 아이들이 생기를 잃어버린 뒤였다. 아이들은 어른들의 지나친 간섭과 지배로 학교와 사회의 경쟁 속에서 지쳐 갔고, 그로 인해 풍요로워진 사회와 달리 아이들의 얼굴에서는 생기가 사라졌다. 그리고 유럽을 비롯한 선진국에서 무자비하게 자연자원을 약탈당한 동남아시아나 남아프리카의 아이들은 빈곤과 궁핍으로 기아상태에서 병들어 죽어갔다. 이처럼 아이들은 언제 어디서나 가장 약한 존재로, 그리고 가장 낮은 위치로 전락해버렸다.

그러나 1989년 11월 20일 실시된 제44회 유엔총회에서는 '아이들의 권리협약'을 만장일치로 채택했다. '여성에 대한 모든 형태의 차별 철폐에 관한 협약'이 1979년 12월 제34회 유엔총회에서 채택된 이후, 꼭 10년 만에 '아이들의 권리'를 규정하는 협약이 생긴 것이다.

하지만 일본은 국회심의에서 시간을 끄는 바람에 4년 뒤인 1994년 4월에 이 협약을 비준하고 같은 해 5월에 발효했다.[1] 이 협약의 번역을 시작할 때는 젊은이와 아이를 위한 다양한 해설서들이 출간되고 있었다.

1) 우리나라는 1991년 9월 17일 유엔에 가입하고, 같은 해 12월 20일에 이 협약을 비준했다. – 옮긴이.

일본에서는 학교가 아이들의 주체성을 억누르고 엄격하게 관리한다는 비판이 오래전부터 있었기 때문에 이 협약은 주로 학교교육과 관련하여 논의되었다. 하지만 아이들의 세계는 학교만이 전부가 아니다. 사실 아이에게는 부모와의 관계가 무엇보다 중요하다. 그러므로 '아이들의 권리'에 대해 말할 때 아이와 가장 가까이 있는 부모의 역할을 빼놓을 수 없는 것이다.

따라서 이 책에서의 '아이들의 권리협약'은 부모와 학교에 다니는 아이뿐만 아니라 모든 아이들을 대상으로 고려했다. 이는 부모와 아이 간의 애착은 아주 어렸을 때부터 조금씩 형성되어가기 때문이다.

이 협약은 많은 사람들의 의견을 모아서 신중하게 만든 것이지만, 그래도 관점에 따라 다양한 문제를 가지고 있어 그 문제에 대해서는 좀 더 비판적이면서 솔직하게 접근했다. 그리고 전문가가 만든 협약을 학문적으로 해석하기보다는 아이들과의 실제 생활을 바탕으로 자유롭게 읽어나가는 것이 중요하다고 판단했다. 그래서 결과적으로 각각의 조문에 대한 필자의 생각을 지나치게 전개해버린 것이 아닌가 하는 우려도 적잖이 있다.

조금은 거칠고 제멋대로인 해석일지도 모르지만, 부모가 되는 분들께 이 책이 문제를 제기하여 토론의 소재가 될 수 있다면 그것만으로도 나는 행복할 것이다.

제1부

부모와 함께 읽는 '아이들의 권리협약'

이 책의 '아이들의 권리협약'은

국제교육법연구회에서 번역한 자료를 사용했습니다.

보호받으며 스스로 크는 아이들

아이들의 권리협약

전문

이 협약을 맺은 나라는 유엔헌장에서 발표된 원칙에 따라 인류사회의 모든 구성원의 고유한 존엄성과 평등에 대한 양도할 수 없는 권리를 인정하는 것이 세계의 자유, 정의 그리고 평화의 기초가 된다는 것을 고려한다. 즉, 유엔은 모든 사람이 그 헌장에서의 기본적 인권 및 인간의 존엄과 가치에 대한 신념을 재확인하고, 사회의 진보와 생활수준의 향상을 촉진하려고 결의하는 것이다.

그리고 유엔이 세계인권선언 및 국제인권규약에 모든 사람이 인종, 재산, 피부색, 성별, 언어, 종교, 정치적 의견과 그 밖의 의견, 국민적 · 사회적 출신, 재산, 출생 또는 그 밖의 지위 등에 의한 어떠한 종류의 차별도 없이, 거기에 열거된 모든 권리와 자유를 갖는 것을 명백하게 발표하고 동의했음을 인정한다.

또한 유엔은 세계인권선언에서 아동기에는 특별한 보살핌과 지원을 받을 자격이 있다는 것을 상기시키며, 가족은 사회의 기초 집단이자 모든 구성원, 특히 아이들의 성장과 복지를 위한 자연환경으로서 지역사회에서 충분히 책임질 수 있도록 보호와 지원이 필요하다는 것을 확신한다.

아이들의 인격이 완전하고 조화롭게 발달하기 위해서는 행복한 가정환경 속에서 관심과 애정을 받으며 성장해야 한다는 것을 인정한다.

아이가 사회에서 한 개인으로서 생활을 영위할 수 있도록 충분히 준비해야 한다는 것을 유엔헌장에 명백히 선언한 이상, 그 정신에 따라 평화, 존엄, 관용, 자유, 그리고 연대의 정신에 따라 길러져야 함을 고려해야 한다.

유엔이 1924년 제네바에서 채택한 '아이들의 권리선언'과 1959년 11월 20일에 채택한 '아이들의 권리선언'에서는 아이들이 특별한 보살핌을 받을 권리가 있다고 명시되어 있다. 또한 세계인권선언, 국민적·정치적 권리에 관한 국제규약(특히 제23조와 제24조), 경제적·사회적·문화적 권리에 관한 국제적 규약(특히 10조), 또 아동복지 전문기관과 국제기관의 규정 및 관련 문서에서 인정하고 있음을 유의한다.

국내 및 해외의 양부모와 양자결연에 관련된 아이들의 보호와 복지에 대해 사회적이고 법적 원칙에 관한 선언, 소년사법 운영을 위한 유엔 최저기준 규칙, 그리고 긴급사태와 무력분쟁에서 여성과 아이들의 보호에 관한 선언의 조항을 상기한다.

특히 어려운 환경 속에서 생활하는 아이들이 세계 모든 나라에 존재하며, 이러한 아이들이 특별한 관심을 필요로 한다는 것을 인정한다.

아이들의 보호와 조화로운 발달을 위해 전 세계인의 전통과 문화적 가치의 중요성을 정당하게 고려하고, 모든 국가 특히 개발도상국에서는 아이들의 생활환경 개선을 위해 국제협력의 중요성을 인정하면서 다음과 같이 협약한다.

'아이들의 권리협약'에는 유엔이 오랫동안 추구해온 인간존중이나 차별의 금지, 생활수준의 향상 등의 이념이 담겨 있다. 1924년 유엔이 제네바에서 채택한 '아이들의 권리선언(제네바 선언)'이 시초이다. '아이들의 권리협약'의 정신은 전문에 있는 것처럼 '아이들이 특별한 보살핌을 받을 권리가 있다'라는 것이다. 즉 굶주림과 질병, 위험에서 지켜주고 어른에게 물건 취급을 받지 않고 자랄 수 있도록 하는 것이다. 울음으로 어른을 부르고 보듬어주면 울음을 그치는 아이들은 어른에게 보살핌의 필요성을 온몸으로 표현한다. 이에 대해서는 1959년 유엔총회가 채택한 '아이들 권리선언'에도 분명히 기록되어 있다.

하지만 아이들은 "구해줘, 도와줘, 지켜줘"라고만 요구하지 않는다. "싫어, 안 돼"라는 의지도 있고 "내가 할 거야"라는 주장을 하기도 한다. 즉 어릴 때는 주체主體로서의 모습과 보호를 요구하는 모습이 동시에 나타나는 것이다. 그것은 자신이 필요한 만큼의 젖을 먹은 후 스스로 젖꼭지를 혀로 밀쳐냄으로써 더 이상 먹지 않겠다는 아이의 명확한 '자기결정'에서도 확인할 수 있다.

아이들은 어른에게 도움을 받으면서도 한편으로는 자기주장을 하는 과정을 반복하면서 성장한다. 사실 이 과정은 아이들에게만 한정되는 것이 아니다. 어른도 역시 도움을 받고 자기주장을 하는 과정을 반복하면서 다른 사람들과 관계를 맺는다. 그런 점에서 아이들과 어른이 비슷하다.

이 협약은 아이들과 관련된 종래의 '선언'에서 새로운 시각을 더했다. 그것은 '권리행사 주체로서의 아이들'에 대한 시각인데, 이제껏 고려하지 않았던 부분이다.

부모는 짜증 날 정도로 '권리행사'를 하려는 아이들과 매일 옥신각신한다. 부모의 권력으로 아이의 강한 욕구를 억압했다가 어떤 때는 아이에게 지기도 한다. 이처럼 밀고 당기고, 울었다가 웃기도 하는 것이 부모와 자식 간의 일상이다. '주체로서의 아이들'의 힘을 부모는 너무나 잘 알고 있다. 그리고 그것을 아이들의 고집이나 철없음이라며 부정적으로 바라본다. 어른에게 의존하고 따르는 '지켜져야만 하는 아이들'의 이미지가 세상에 너무 강하게 인식되어 있다.

전문은 지금까지 '지켜지고 돌봐져야만 하는 아이들'의 모습을 배경으로 하고 있다. 하지만 조문에서는 하나의 '주체로 인정받아야만 하는 아이들', 즉 한 인간으로서 아이들의 모습을 다룬다. 필자는 이 두 측면을 살펴보면서 옥신각신하는 부모와 자식 간의 일상을 고쳐 나가고 싶다.

‘아이’ 라는 명칭

제1조 (아이의 정의)

이 협약의 적용상 ‘아이’는 18세 미만의 모든 사람을 말한다. 단, 아이에게 적용되는 법률에 의해 보다 빠르게 성인이 된 자는 포함하지 않는다.

20세부터는 어른이 아니라고 생각하는 사람도 있을지 모르겠다. 일본에서는 20세부터 선거권을 가지며, TV 광고에서 볼 수 있듯이 술도 20세부터 마실 수 있다.[2] 이 협약에서는 세계 모든 나라의 상황이나 입장을 고려해서 아이와 어른의 경계를 일단 18세로 정했다. 어디서부터 어디까지가 아이이고 어른인가의 구분은 유동적인 것으로, 그 시대 사회상황을 고려해 편의상 정한 것이다.

‘아이란 무엇인가’라는 문제를 정의할 때 어떤 절대적인 근거가 있어 정의하지 않았던 것은 아니다. 옛날에는 15세 정도로 그 경계를 정했고, 현재 일본 민법에서는 20세를 ‘성인’이라고 규정한다.[3] 하지만 지금은 평균 연령이 늘어

2) 우리나라는 민법 제4조에서 만 19세를 성인으로 규정하고 있으며, 청소년보호법에서는 누구든지 청소년을 대상으로 유해약물(주류나 담배 등)을 판매, 대여 등을 하지 못하도록 규제하고 있다. –옮긴이.

났기 때문에 '30세 성인설'이라는 말도 있을 정도다. 그러므로 '아동기'는 각각의 세대나 사회에서 그때그때 상황에 따라 정해진 것으로 하나의 '명칭'이라고 할 수 있다.

'아이'라는 명칭도 사실 최근에야 생긴 것이다. 프랑스의 문화역사학자인 필리프 아리에스Philippe Ariès는 17세기 이전 유럽에는 '아동기'라는 개념이 존재하지 않았다는 것을 여러 자료를 들어 증명했다. 우리가 지금 당연하게 여기는 '아이'라는 연령 구분도 시대 속에서 만들어진 것으로 지금도 바뀌고 있다. 그것은 이 협약을 계기로 '아이'를 정의할 때 중요한 포인트 중 하나가 되었다.

'아이'가 단순히 명칭에 지나지 않는다고 한다면 '어른'도 마찬가지다. 명칭은 어찌되었든 떼어지기 쉬운 것으로 떼어진 뒤에는 본래 그대로 하나의 인간일 뿐이다. 여기서 처음으로 아이와 어른은 같은 인간으로서 만날 수 있는 것이다. 때로는 '아이' 같은 순수한 '어른'으로, 때로는 친한 친구 같은 '부모 자식'의 모습으로 말이다.

일상생활에서는 아이와 어른 모두 여러 얼굴을 서로 보여준다. 아이와 어른은 서로 다르지 않다고 생각할 때도 있고, 역시 다르다고 느낄 때도 있다. 아이의 입장에서 보면 어른도 마찬가지일 것이다.

명칭은 외관에 붙여진 표식이다. 무엇을 위한 표식이냐

---

3) 일본은 2015년에 법이 개정되어 선거권 연령이 18세로 바뀌었다.-필자.

면, '아이'와 '어른'이 다르다고 하듯이 '차이'를 만들기 위한 것이다. 그것은 일단 상황을 정리하기 위해 그리고 목적을 위해 '같은' 부분을 잘라내고 '차이'를 강조한다. 예를 들면 크고 작은 달걀, 1등급·2등급 고기처럼 '차이'의 명칭이 넘치는 사회가 되었다. 그 속에서 우리는 '같다'라는 부분에 둔감해지고 '차이'만을 신경 쓰거나 강조하게 되었다. '초등학생'과 '중학생', '남자'와 '여자', '정상인'과 '장애인' 등이 다르다고 하듯이 말이다.

이렇게 명칭이 확산되는 세상이 되기 전에는 물건을 살 때도 다양한 것들을 덤으로 주면서 대충 눈짐작으로 팔았다. 즉 1960년대에는 달걀, 멸치, 토마토 등을 '차이'로 구분하는 것이 아니라 어림짐작으로 팔았던 것이다.

자연의 축복은 '어느 것도 같으면서 또한 다르다'는 것이다. 크고 작음大小이 당연하지만 또한 같다는 것이다. 작은 멸치는 볶음용으로, 큰 멸치는 국물용으로 하는 것은 '같은 물건'을 구입한 뒤에 고민할 사안이다. 하지만 명칭의 시대가 된 지금의 멸치는 대·소로 구분하여 '국물용', '볶음용'으로 상표가 붙어 있다. 다른 포장으로 담겨진 멸치는 같은 바다에서 함께 헤엄치고 있었지만 전혀 다른 생물로 보이는 것이다.

명칭은 아주 무섭다. 외부에서 사람이 붙인 것인데도 보는 쪽은 명칭에 조작당해 공통된 성질을 보지 못한다.

'아이'와 '어른'도 똑같지 않을까? 우리는 도리나 사상을 구분 짓는 것이 편리하기 때문에 나누려는 경향이 있다. 그것은 편리를 위한 관리이고, 관리는 일률적으로 움직일 수 있도록 효율을 높이기 위한 것이다. 얻는 것은 질서와 효율이지만 잃어버리는 것도 있다. '아이'와 '어른'을 나이로 구분할 때 우리가 얻는 것은 아이와 어른은 다르다는 이질성을 편리하게 나누는 것이고, 잃는 것은 아이나 어른도 같은 인간이라고 하는 동질성이다.

명칭으로 구분하기 좋아하는 현대 사회는 아이를 더욱 세분화하여 유아, 아동, 취학아동 등으로 구별한다. 영아반, 유아반, 초등학생, 중학생, 그것도 모자라서 학년으로도 구분한다. 그러면서 학교는 사람을 구분 짓는 강력한 힘을 가지게 되었다. 그래서 사람들은 "네 살이니?"라고 묻지 않고 "어린이집 다니니?"라고 묻거나, "일곱 살이니?"라고 묻지 않고 "내년에 초등학교 들어가니?"라고 묻는다. 아이와 어른은 같으면서 서로 다르다. 명칭은 임시적인 것, 즉 우선 먼저 이름을 붙여 구분한 것이다. '18세 미만은 아이'라는 정의도 그런 식으로 가볍게 적당히 자연스럽게 읽으며 시작하고 싶다.

대 피테르 브뢰헬(Pieter Bruegel), 〈아이들의 놀이*kinderspiele*〉 (1560).
이 그림에서는 어른과 아이의 구분이 거의 없다. (* 출처: 빈 미술사 박물관)

차별을 바라보면서

제2조 (차별의 금지)

1. 협약을 맺은 나라는 자국의 관할에 있는 아이들 한 명 한 명에 대해 아이 또는 부모, 혹은 법적보호자의 인종, 피부색, 성, 언어, 종교, 정치적 의견, 그 밖의 의견, 국민적·민족적·사회적 출신, 재산, 장애, 출생 또는 그 밖의 지위에 관계없이, 그리고 어떠한 종류의 차별 없이 이 협약에 있는 권리를 존중하고 확보해야 한다.
2. 협약을 맺은 나라는 아이들이 부모나 법적보호자 또는 가족구성원의 지위, 활동, 표명한 의견이나 신념을 근거로 하는 어떠한 형태의 차별과 처벌로부터 보호하기 위해 모든 적절한 조치를 취해야 한다.

명칭이 흘러넘치는 이 세계는 차별을 만드는 것과 연결되어 있다.

- 남자가 위, 여자가 아래.
- 외국인 사절.
- 편부모의 아이는 문제다.
- 가난한 집 아이와 놀아서는 안 된다.
- 사투리는 틀리고 표준어가 맞다.
- 장애를 가진 아이는 정상인 아이와 다른 교실로 나누어야 한다.

우리 주위에는 이렇게 많은 차별적인 생각과 표현이 곳곳에 숨어 있다. 이러한 차별적인 생각들은 우리의 무의식 속에 깊이 자리 잡고 있다. 아이들에 대한 차별 역시 마찬가지다. 따라서 이 협약에서는 아이들에 관련된 모든 차별을 금지하고, 아이들이 어떠한 차별도 받지 않도록 보호해야 한다는 것을 선언한다.

아이들에 관한 차별은 어른 사회의 차별을 반영한 것이다. 아이들과 함께 있으면 차별은 어른들의 몸에 배어 있다는 걸 알 수 있다. 사람을 서열로 구분하여 바라보는 어른 사회의 일그러진 시각과 달리 아이들은 상대방을 있는 그대로 바리본다.

근내 일본을 대표하는 계몽사상가 후쿠자와 유키치福沢諭吉는 "하늘은 사람 위에 사람을 만들지 않았고, 사람 밑에 사람을 만들지 않았다"라고 말했지만, 이 정신이 그대로 남아 있는 것은 아이들뿐이다. '아직 아무것도 모르니까', '세상의 현실을 정확히 알려주지 않으면'이라고 말하기 전에 아이들의 행동이나 말을 어른 사회의 차별, 선입관으로 판단하고 있는 것은 아닌지 되새겨볼 필요가 있다. 그렇게 하지 않으면 아이라는 싱그러운 생명체와 함께 살아가는 풍요로움과 재미를 느끼지 못한다. 즉 아이들과 함께 살아가는 즐거움은 잃어버리고 힘겨운 양육이라는 노동만 남는다.

나 또한 아이와 함께하는 재미와 아이의 메시지를 느끼지 못했다. 아들이 초등학교 1학년일 때 같은 반에 지능이 조금

떨어지는 아이가 있었다. 수업 참관에서 나는 어리석게도 아들에게 "K는 어떤 아이야?"라고 물었다. 아들은 멀뚱멀뚱 나를 쳐다보면서 대답했다. "어떻다니? 모두들 같은데?"

장애는 사회적으로 만들어진 것일 뿐인데 나 역시 그것에 사로잡혀 '모두 같다'라는 중요한 근본을 잃어버리고 아이들을 구분했던 것이다. 그런 나의 차별 의식에 아들은 '그게 뭐야?'라는 표정과 한마디로 보기 좋게 한방 먹였다. 세상의 여러 고정관념과 차별 의식에 익숙하지 않은 아이가 이렇게 어른의 편협하고 왜곡된 관념에 구멍을 내는 것은 흔히 있는 일이다.

아이들이 순수하고 더렵혀지지 않았다고 주장하려는 것은 아니다. 다만 세상을 바라보는 눈높이가 다르다는 것이다. 미성숙한 것이 아니라 아직 이 사회에 익숙해지지 않은 것이다. 외국에서 태어나 문화가 다른 타국에서 새로운 시각과 느낌을 소통하는 것과 비슷하다. 그래서 서로 배울 수 있는 것이다.

어른 사회는 여러 차별을 만들어내고 있으며 민족, 종교, 성별 등에 그 차별들을 은연중에 내포한다. 그리고 조문에서 금지한 아이들에 대한 각종 차별을 만들어내고 있는 것도 분명하다. 일본에서는 특히, 아이와 부모가 강한 연관성을 가지고 있기 때문에 그것을 극복하지 않으면 이 협약의 정신을 실현하기 어려울 것이다. '그 부모에 그 자식'이라는 의식이 지배하고 있는 상태로는 말이다.

사람과 사람이, 부모와 아이가 서로 얽혀 살아가는 것이 중요하지만, '부모는 부모, 아이는 아이'라는 원칙은 분명하게 갖고 있어야 한다. 거기서부터 이 조문은 생명력을 가질 수 있다.

아이들에게 좋은 것이란

제3조 (아이들의 최선의 이익)

1. 아이들과 관련된 모든 활동에서 그 활동이 공적 혹은 사적인, 사회복지기관, 법원, 행정기관 또는 입법기관에 의해 행해진 것인가와 관계없이 아이들의 이익이 최우선으로 고려되어야 한다.
2. 협약을 맺은 나라는 부모, 법적보호자 또는 아이의 법적 책임자의 권리와 의무를 고려하여 아이의 복지에 필요한 보호와 보살핌을 아이에게 보장하고, 이를 위하여 모든 적절한 입법적 · 행정적 조치를 취해야 한다.
3. 협약을 맺은 나라는 아이의 보살핌과 보호의 책임을 지는 기관과 편의시설은 관계당국에서 설정한 기준, 특히 안전과 건강, 직원의 숫자 및 적격성 그리고 충분한 감독 등의 기준에 따를 것을 확보해야 한다.

아이들은 자신이 약자라는 사실을 잘 안다. 체력도 약하고, 이 세상의 환경도 아직 모르기 때문에 혼자서는 살 수 없다. 그래서 아이들은 혼자가 되거나 버림받는 것을 가장 두려워한다. 보호해주는 어른이 언제나 사랑해주며 신경을 써야 하는 것이다. 아이에게 '집에서 나가버려', '안 돌아와도 괜찮아'라는 폭언을 하는 부모는 거의 없겠지만, 어른은 그런 종류의 말로 아이를 굴복시킬 수 있다는 사실을 잘 알고 있다. 아이는 그 정도로 약하고 혼자 설 수 없는 존재이기 때문에 먼저 안전하게 지켜지고, 호의적인 배려를 받을 필요가 있는 것이다. 따라서 제3조에서는 그 필요성을 '아이들의 최선의 이익'이라는 표현으로 정중하게 주장한다.

그렇다면 아이들의 최선의 이익이란 무엇인가. 물론 그것은 하나하나의 상황이나 관계에 따라 바뀌는 것으로서 한 가지로 말할 수 있는 것이 아니다. 이 조문도 무엇이 아이들에게 맞는 것인지를 일반론적으로 말하는 것은 아니다. 다만 '아이들이 바라는 최선'이 어른의 일방적인 판단으로만 가능할까 하는 것이 신경 쓰일 뿐이다.

매일 아이들과 함께 살고 있는 사람이라면 금방 알 수 있겠지만, 아이들이 바라는 '좋은 것'과 어른이 바라는 '좋은 것'에 대한 서로의 욕구는 끊임없이 부딪힌다. 부모가 된 순간 우리는 매일매일 이 난제를 경험한다. 서로의 '좋은 것'이 대립하는 경우가 너무 많기 때문이다. 예를 들면 아침에 아이를 어린이집이나 유치원에 보내고 출근해야 하는 부모와

더 자고 싶어서 우는 아이, 심부름에서 돌아오는 길에 작은 턱을 발견하면 몇 번이고 '뛰어내리기'에 열중하는 아이와 그것을 말리는 부모, 밖에서 놀고 싶다고 조르는 아이와 지쳐서 쉬고 싶은 아버지, 학교에 보내고 싶은 부모와 가기 싫은 아이 등 자식과 부모의 욕구는 좀처럼 일치하지 않는다.

물론 부모와 아이에게 '좋은 것'이 일치하는 순간도 있지만, 이 균형은 정말 위태로워서 금방 무너져버린다. 그래서 야단치는 어른의 소리와 아이의 울음소리의 합창이 부모와 자식의 당연한 일상이 된다. 일상에는 자잘한 장면들만이 있는 것이 아니다. 어른의 욕구에 의한 이사, 아이의 질병, 학교에서 아이의 말썽, 아이의 진로와 경제적 사정 등 결정해야 하는 순간들이 끊임없이 계속되는 경우도 있다.

아이와 부모는 이 세상에서 서로 다른 위치에 자리한다. 그리고 서로 다른 욕구를 가지고 있다. 야단치는 부모는 부모의 욕구를, 울먹이는 아이는 아이의 욕구를 서로 주장하는 것이다. 서로의 욕구가 정확히 일치할 때는 정말 행복한 순간이라고 말할 수 있다.

이렇듯 아이와 부모는 매일 양보하며 살아간다. 서로 부딪히고 모색하며 양보한다. 왜냐하면 그 방법밖에 없기 때문이다. 그런데 문제는 부모보다 위치가 낮은 아이는 공평하게 양보하는 게 아니라 열 배나 더 많이 양보한다는 것이다.

이 조문에서 주장하는 '아이들의 최선의 이익'이란 실은 까다로운 이야기다. 어른, 특히 국가나 공공기관에서 '최선'이라고 정한 것은 어른들의 생각이지 아이들이 그렇게 느꼈다는 것은 아니다. 아이가 '저는 이렇게 하고 싶어요'라고 결정해도 어른이 받아들이지 않으면, 그것은 더 이상 아이에게 평온한 상태가 아니다. 어른의 의견을 아이가 반대한다는 것은 어렵기 때문이다. 그러므로 최선의 상태라는 것은 아이와 어른이 함께 이야기해서 서로가 양보하는 위치를 결정하는 것이다.

이때 어른이 늘 염두에 두어야 할 것은 어른은 신체적·사회적·경제적으로 압도적인 위치에 있다는 사실이다. 그 위치를 자각하고 아이가 원하는 바를 겸허하게 받아들이라는 것이 이 조문의 취지이다.

부모는 '너를 위한 거야', '너를 위해서 말하는 거야'라는 말을 자주 하고 아이들도 그런 말을 자주 듣는다. 이때 '너를 위해'라는 말은 '부모 자신을 위해'라는 것을 의미한다. 그러므로 '너를 위해'라는 말 대신에 '나는 네가 이렇게 해주었으면 좋겠어'라고 마음속으로라도 자신을 주어로 생각하는 것을 잊지 말아야 한다.

'아이에게 가장 좋은 것'은 언제나 사람과 사람의 관계 속에서 움직이기 때문에 정해진 답은 없다. 다만 확실한 것은 부모는 '지금 아이에게 필요한 것이 무엇인가?', '정말 아이에게 좋은 것인가?'라는 질문을 끊임없이 하면서 답을 찾아야 한다. 그러면서 아이와 함께하는 것이 바로 부모가 아닐까 싶다. 그리고 '아이에게도 더욱 좋은 것'은 아이가 살아가면서 스스로 찾아나가는 것이다.

아이들을 위한 국가

제4조 (협약을 맺은 나라의 실시 의무)

협약을 맺은 나라는 이 협약에서 인정하는 권리를 실시하기 위하여 모든 적절한 입법적·행정적 및 그 밖의 조치를 취한다. 경제적·사회적·문화적 권리에 관하여 협약을 맺은 나라는 자국의 이용 가능한 수단을 최대한도 내에서, 그리고 필요한 경우에는 국제협력의 틀 속에서 이러한 조치를 취해야 한다.

'그림의 떡'이라는 말처럼 이 협약이 단순히 하나의 장식품이 되어버린다면 아무런 의미가 없을 것이다. 한편 한때 유행하는 패션에 지나지 않을까 하는 우려가 없는 것도 아니다. 만약 이 협약을 계기로 가정이나 학교, 지역에서 아이에 대한 생각을 고치고 아이와 어른의 관계에 대해 서로 생각하며 바꿔가지 않는다면, 아마도 일시적인 현상으로 끝나버릴 것이다. 이 협약을 체결하고 추진하는 일은 정치를 하는 사람들에게 위임되어 있지만, '국가'는 우리들 한 명 한 명이 모여 구성되므로 이 협약에서 말하는 '협약을 맺은 나라의 의무'는 결국 우리 자신의 의무이기도 하다.

일반적으로 우리는 '세상과 국가'의 일을 진지하게 의식하며 살아가지는 않는다. 매일 조금씩 끝없이 이어지는 가사, 돈을 벌기 위한 고생, 가정과 직장에서의 문제나 해결의 기쁨, 환자와 노인의 간호와 간병, 친한 지인을 잃은 슬픔, 사랑의 두근거림과 실연 등 우리 주변에서 일어나는 일상의 일들로 하루하루를 지낸다. 가족이나 지역, 직장은 대인관계로 구성되어 하나의 소우주를 이루고 있지만, 그 소우주에 영향을 미치는 국가나 그 힘의 배경에 대해서는 생각할 여유가 없다. 물론 이런 자세가 옳지 않다는 것을 알지만 일단 눈앞의 일들에 휩쓸릴 수밖에 없는 게 인지상정이다.

그런데 이런 생활의 배경에 있는 국가의 구조를 싫어도 알게 되는 계기 중 하나가 아이와의 생활이다. 사실 많은 문제에 대해 아이와 부딪힐 수밖에 없기 때문이다. 나 또한 실제로 그랬다. 아기가 태어난 이후 '이제 뭐를 먹여야 하지?', '모유인가? 분유인가?', '내일부터 일과 육아를 어떻게 병행해야 할까?', '열이 날 때 병원에서 준 약을 먹여도 정말 괜찮을까? 아니면 어르신의 지혜를 빌릴까?', '경쟁에 둘러싸인 학교교육을 어떻게 받아들여 헤쳐 나가야 하는가?' 같은 문제들과 부딪혔다.

아이와의 생활은 언제나 급박하게 돌아간다. 그런데 현실을 진지하게 바라볼 수밖에 없는 것이 부모의 일상이다. 부모는 생각하거나 판단하는 것에서 도망칠 수가 없기 때문이다. 그래서 아이를 키우는 부모라면 생각하고 행동하는 능력을 더욱 자연스럽게 몸에 익히게 되는 것이다.

아이의 양육은 부모의 힘만으로는 할 수 없다. 혼자서는 해결할 수 없는 것들이 많기 때문이다. 놀이터, 어린이집, 학교 문제, 다른 부모들과의 만남 등 관계를 넓히는 생활은 점차 우리에게 국가를 바라보는 시야를 넓혀준다. 따라서 국가를 위한 아이들이 아니라 아이들을 위한 국가를 만들기 위해서는 함께 생활하는 사람들과 공통의 이야기를 나누고 배우며 생각하고 행동해나가는 것이 필요하다.

아이들을 지도하는 것이란?

제5조 (부모의 지도 존중)

협약을 맺은 나라는 부모 또는 적절한 경우에 지방적 관습으로 정해진 확대가족 혹은 공동체의 구성원, 법적보호자 혹은 아이의 법적인 책임을 지는 그 밖의 사람이 이 협약에 의해 인정되는 권리를 행사하기 위해 아이의 능력의 발달과 일치하는 방법으로 적절한 지시와 지도를 행할 책임과 권리 및 의무를 가지고 있음을 존중해야 한다.

아이에게 가장 가까운 어른은 대부분 부모다. 아이가 한 인간으로 존중받으며 안심하고 살기 위해서는 부모를 시작으로 주변 사람들이 어떻게 생각하고 행동하는지를 먼저 살펴봐야 한다. 이 조문은 부모와 주변 어른들에게 아이를 지도하기 위한 권리와 의무가 있음을 말하고 있다. 부모는 아이를 소중히 여길 권리가 있고 하나의 인간으로서 존중할 의무가 있음을 말하며, 부모와 주변 사람들의 주체성을 분명히 기록한 것이다.

하지만 우리는 부모의 어려운 입장을 말하지 않을 수 없다. 부모의 적절한 지도라는 것이 도대체 무엇일까? 더욱이 '능력의 발달과 일치하는 방법으로'라는 추상적 단서가 붙어 있고, '적절한 지시와 지도를 행할 책임'이라는 문구도 있다. '아이들의 권리협약'에서 의문을 가지는 부분이 많은데, 이 조문도 그중 하나다. '능력의 발달과 일치하는' 것과 '적절한 지시, 지도'라는 것의 기준은 무엇이며, 그리고 누가 평가할 것인지가 중요한 문제다.

이 협약에서 신경 쓰이는 것들 중 하나가 '발달'이라는 말의 남발이다. '발달'이라는 단어를 단순히 의미적 측면에서만 보면 좋은 방향이라고 생각하겠지만 사실 좀처럼 간단하지 않은 문제를 포함한다.

'발달'이라고 하면 사람들은 어떤 방향성을 상상한다. 아래에서 위로, 그리고 원하는 방향으로, 거기에는 인간의 변화에 대한 가치판단이 포함되어 있다. 이는 '발달'과 '변화'가 지니는 의미의 차이점이다. 인간은 태어날 때부터 죽을 때까지 변화한다. 그것은 의심할 필요도 없는 진실이다. 하지만 '발달'은 일생 동안의 변화 중에서 어떤 시기의 어떤 방향성만을 말한다. 어린아이가 일어서고 걷는 것, 말을 시작하는 것, 글을 익히고 운동을 하며 집단행동을 하고, 학교에서 과제를 해내며 현재 사회에서 쓸모 있는 방향으로 변화하는 것 등을 '발달'이라고 하는 것이다. 그것도 그저 존재함으로써 사람에게 쓸모 있다는 뜻이 아니라 정확히 말하면 '생산성을 높이기 위해 쓸모 있다'라는 방향성을 말한다.

자연의 순리에 따라 사람은 병들고 늙고 죽지만, 이 방향의 변화를 '발달'이라고 말하지는 않는다. 굳이 말한다면

'마이너스 발달'이라고 할 수 있다. 그렇게 하면 역시 거기에는 방향성과 목표가 이미지화되어 있어서 '한창 일할 때'라는 목표가 떠오른다. 생산성을 축으로 한 '목표'라는 사고는 '발달'이라는 말과 함께한다. 그러므로 장애가 있는 아이에 대해서 그 아이의 변화를 그대로 받아들이지 않고 '발달이 늦다'라고 표현하는 것이다. 이 협약에서 특히 신경 쓰이는 것이 특히 이 부분이다. 여기에 대해서는 나중에 다시 짚어 보도록 하겠다.

이제부터 부모의 지도책임과 권리와 의무라는 부분을 살펴보자. 대부분의 부모는 아이를 소중히 여기고 지켜주기를 바라며, 적절하게 이끌어주고 싶어 한다. 하지민 이야기는 쉽지만 구체적인 각각의 경우에서는 꽤나 복잡하다.

내 경험을 하나 들어보겠다. 아이들이 어릴 때 두 아들 모두가 유치원에서 문제가 생겼다. 한 아이는 입학 후 울면서 유치원에 가지 않으려고 했고, 다른 아이는 유치원 졸업을 6개월 앞두고 그만두어버렸다.

서럽게 울던 큰아이는 억지로 유치원 버스에 태웠다. 아이를 위한다면서 '평범한 것'을 못 하는 점이 부끄럽기도 했다. 아마 '바람직한 발달'에 대한 잘못된 고정관념이 내면에 조금 남아 있어서였는지도 모르겠다.

한 달 정도 지난 뒤 아들이 자연스럽게 유치원에 다니면서 마음이 놓인 것과 동시에 억지로 보내려고 했던 나의 어리석은 모습을 깨달았다. 부모의 걱정을 떨쳐버리고 마음을 편하게 가지기 위해서 어린아이에게 무리한 요구를 했다는 사실을 알게 되었기 때문이다. 그리고 부모의 자유 시간을 갖기 위해서라는 것도 큰 이유였다. 그것이 잘못되었다고는 생각하지 않지만 중요한 점은 그 사실을 깔끔하게 인정하고 '부모의 욕구'를 '아이의 발달'로 꾸미지 않는다는 것이다.

또 다른 아들은 졸업하기 6개월 전에 유치원을 그만두고 싶다고 강하게 말하기에 그 뜻을 받아들였다. 무슨 일이 있어서가 아니라 그냥 조금 더 놀고 싶었던 것뿐이었다. 직장이 있는 부모 입장에서는 유치원에 가는 것이 안전하니까 그렇게 해주었으면 했지만, 아들의 일상은 아들의 것이기에 반대하지 않고 그대로 수용했다.

그런데 유치원에서 강한 비판을 들었다. 그때 들었던 말을 지금도 기억한다.

"유치원을 도중에 그만두면 나중에 아드님도, 부모님도 평생 후회할지도 모릅니다."

수십 년이 지난 지금도 그 말의 의미가 무엇이었을까 하고 생각할 때가 있다. 도중에 그만두는 것은 '참을성이 부족하다'거나 '그런 응석을 그대로 받아들이는 부모한테도 문제가 있다'라는 것일까? 그렇다면 아이는 무엇 때문에 유치원이나 학교를 가는 것일까? 참을성을 익히기 위해서? 물론 좀처럼 표면으로 드러나지 않는 그런 목표도 있을 것이다. 그래서 우리는 어느 정도의 문제를 감수하더라도 아이의 인내력을 기른다는 좀처럼 변하지 않는 목적으로 학교 가는 것을 강요한다. 사실 아이를 그렇게 압박할 필요는 없는데도 말이다.

유치원을 그만둔 아이는 스스로 공부를 하면서 지냈고, 혼자서 우울한 표정으로 가끔 엄마를 바라보는 경우도 있었다. 하지만 자기 나름대로 정한 생활 속에서 아들은 분명 많은 것을 느끼고 체험했을 것이라고 생각한다.

유치원 생활 하나만 예로 들어도 부모의 고민과 갈등은 이렇게 많은 곳에서 일어난다. 그런 의미에서 보면 '부모의 지도'라는 명확한 말 자체는 사실 부모의 현실과는 동떨어진 것이 아닌가 싶다.

부모의 권리는 곧 아이의 권리

제6조 (생명의 권리, 생존/발달의 확보)

1. 협약을 맺은 나라는 모든 아이들이 생명의 고유한 권리를 갖고 있음을 인정한다.
2. 협약을 맺은 나라는 아이의 생존과 발달을 최대한 보장해야 한다.

처음으로 어린아이를 안았을 때 '안고 있는 손에 힘을 주면 이 아이는 쉽게 죽겠지'라는 생각이 머리를 스쳐 무서웠던 적이 있다. 작은 아이는 자신의 힘으로 생명을 지킬 수 없기 때문에 가까이 있는 어른에게 생존을 맡긴다. 아이의 잠자는 얼굴이 유난히 귀여운 것은 어른에게 자신의 생명을 맡기고 잠든 모습이 사랑스러워 보이기 때문이다.

하지만 아이는 생명을 맡기는 동시에 자기 자신의 힘으로 일단 살려고 발버둥을 친다. 길고 긴 인생을 준비하려는 자세는 어른에 비교할 바가 아니다. 연약함과 강한 생명력 모두를 가진 아이는 매일매일 성장한다.

이 조문에서는 아이가 평온하게 살 수 있는 권리를 주장한다. '어린아이의 손을 비트는 것처럼'이라는 표현도 있듯이 어린아이는 쉽게 죽임을 당한다.[4] 전쟁이 나거나 재해가 발생할 경우 생명을 잃기 쉬운 사람은 노인이나 장애가 있는 사람, 그리고 아이들이다. 아이나 약한 사람이 안전하게 살기 위한 조건은 모든 사람들이 살기 쉬운 조건과 똑같다. 어른이 불행할 경우 아이는 생명을 위협받는다.

어른이 기분 좋게 생활할 경우 아이는 행복하지만, 아이가 슬퍼할 경우는 어른이 평온하지 않은 상태다. 아이와 함께 사는 것을 즐기기를 바란다면, 어른들이 행복하다고 느끼는 상태를 계속 유지해야만 한다. 그것이 아이의 바람이기도 하다.

어떤 아이 엄마가 아이를 안고 고층 아파트에서 조용히 밖을 바라보다가 문득 아이를 창밖으로 떨어뜨리지 않을까 하는 불안에 휩싸인 적이 있다는 이야기를 들은 적 있다. 그녀는 급히 창에서 멀어졌지만, 그 뒤 며칠 동안 아이를 안고 창 가까이에 갈 수 없었다고 한다. 그녀는 아파트에서 하루 종일 아이와 함께 지내면서 무의식적으로 사회로부터의 격리감을 견디고 있었던 것이다.

나 역시 비슷한 경험을 했던 적이 있다. 팔에 안긴 아이를 순식간에 죽일 수도 있다는 생각에 깜짝 놀랐던 아이 엄마의 이야기처럼 나도 어린아이와 단둘이 하루 종일을 보내며 외로웠고, 불행하다고 느꼈다. 아이를 키우는 일상에 몸

4) '어린아이의 손을 비트는'이란 표현은 '아주 쉽게'라는 의미로 해석할 수 있다.-옮긴이.

이 적응하지 못했기 때문이었다. 하지만 직장에 복귀하여 동료들과 다양한 활동을 시작하자 그런 불안한 감정을 체험하는 일은 거의 없었다.

사실 엄마 한 사람이 양육을 전담한다는 것은 어떻게 보아도 부자연스럽다. 엄마에게 그 부자연스러움을 강요하는 것이 세상에서 공공연하게 이야기되고 여러 각도에서 은폐되어 있는데도 이 이상함을 당연하다고 여긴다. 그것은 이 조문이 말하는 아이의 권리, 즉 아이가 기분 좋게 생활하는 권리와 직결되어 있다.

아이는 어른으로부터 지켜진다는 안도감과 삶에 대한 긍지 모두를 필요로 한다. 먹고 자는 것 이외에 '어른의 호의'와 '또래친구', 그리고 '혼자 있는 시간' 등 세 가지가 충족된다면 아이한테 그 외에는 아무것도 필요 없지 않을까 하는 것이 나의 생각이다. 아이는 불안할 때 어른을 부르고, 또래친구의 목소리에 귀를 기울이며 다가가고, 때로는 혼잣말을 하면서 자연스럽게 자신의 세계를 즐기고 싶어 한다.

하지만 육아를 전담하는 엄마 곁에서 하루를 보내면서 그것을 실현하는 일은 사실 쉽지 않다. 왜냐하면 자기 자신을 위한 직업을 갖고 있지 않은 엄마는 끊임없이 아이의 생활을 참견하거나 아이의 행동을 단속하기 때문이다. 그리고 일단 엄마에 의해 아이의 인생이 지배되기 시작하면 그것이 지속될 수밖에 없다. 그로 인해 나중에 부모에게서 독립하려는 아이에게 죄의식을 갖게 할 수도 있다.

어린아이를 가진 어머니도 직업을 가지고, 아버지도 아이와 관계를 맺는 사회를 우리는 어떻게든지 실현하고자 한다. 아이 역시 반나절이라도 어린이집에서 친구나 부모와는 다른 어른들과 지내기를 원하고 있을 것이다. 그것이야말로 '아이의 권리, 부모의 권리'이다. 그런 사회에서 아이들은 굳이 '발달'이라고 말하지 않아도 자신이 갖고 있는 생명력으로 스스로 성장해나갈 수 있을 것이다.

이름의 의미

제7조 (이름/국적을 얻을 권리, 부모를 알고 양육 받을 권리)

1. 아이는 출생 뒤에 바로 등록한다. 아이는 출생 뒤에 바로 이름을 가질 권리와 국적을 취득할 권리를 가지며, 가능한 자신의 부모를 알 권리와 부모에 의해 양육 받을 권리를 갖는다.
2. 협약을 맺은 나라는 국가가 어떤 조치를 취하지 않아 아이가 무국적이 될 경우에는 국내법과 해당 분야에 관련된 국제문서에 의해 자국의 의무에 따라 이러한 권리가 실행되도록 보장해야 한다.

국적이나 국가를 어떻게 생각하는가? 그것은 결코 단순한 문제가 아니다. 국가는 사람들을 지키는 기능과 동시에 구속하려는 기능도 가지고 있기 때문이다. 또한 국적을 갖는 자에게 많은 편의를 제공하는 동시에 국적을 갖지 않는 자를 공공연하게 배제하는 역할도 한다. 이처럼 항상 양면성을 갖고 있는 것이 국가다.

법치국가는 법에 의해 사람을 지키고 동시에 구속한다. 그리고 그 법 자체가 차별을 만들어내기도 한다. 일본에서 1990년대 개정이 진행되었던 민법 제900조에서 혼외자의 법적 상속분에 대해 친자의 2분의 1이라고 정해 차별을 두고 있는 것이 대표적인 예다. 이 국내법은 '아이들의 권리 협약'의 제2조 '차별의 금지'에도 저촉되며, 일본은 협약을 비준한 이상 개정해야 하지만, 당시에는 개정에 관한 전망이 그리 밝지만은 않았다.[5)]

국가의 역사는 전쟁의 역사를 포함한다. 병역이나 전쟁의 징병도 국적을 갖고 있는 것과 관계있다. 일찍이 카네코 미츠하루金子光晴 시인은 제2차 세계대전 중에 아들이 징병당하여 부모의 곁을 떠날 때 나라를 저주하며 다음과 같이 노래했다.

"호적부야, 빨리 불타버려라. 아무도 내 아들을 기억하지 마라. 아들아, 이 손바닥 속에 숨어 있어라. 모자 뒤편에 잠시 사라져 있어라."

국가의 공공연한 전쟁폭력에 대한 그의 분노는 위쪽 구절을 포함하는 '후지富士'를 시작으로 많은 시에 격하게 표현되어 있다. 하지만 이들 시는 세상에 공표되지 못 한 채 전쟁이 끝난 후에야 발표되었다. 국가의 문제성은 전쟁을 체험한 사람에 의해 더욱 명확하게 보인다.

하지만 우리는 현실로서 국가라는 제도 속에서 살고 있다. 따라서 국적이 없는 아이는 커다란 불이익을 받는다. 국가가 갖는 양면성을 알면서도 아이는 국적에 의해 사회와

5) 일본 민법 제900조는 혼외자의 상속 차별에 대한 조항으로, 2013년 9월 4일 우리나라의 대법원격인 일본 최고재판소가 위헌이라고 규정하였고, 일본 민법 제900조 제4호 규정은 친자와 동일한 상속을 받는 것으로 개정되었다.-옮긴이.

연결되어 있는 안전성을 차별적으로 빼앗겨서는 안 된다고 생각한다.

이 조문에서도 아이가 이름을 가지며 부모를 알고 양육받을 권리에 대해 기술하고 있다. 이는 아이가 살아가기 위한 기본적인 토대다. 사람은 누구라도 소속감을 강하게 필요로 한다. 특히 아이에게 가장 먼저인 것은 자신의 이름과 가족, 부모다. 자신을 둘러싼 세계를 알아가려고 할 때 아이는 자신의 이름을 기댈 곳으로 삼는다. 나의 이름, 나의 가족, 익숙한 집, 익숙한 풍경, 친구, 이웃사촌 등은 자신의 세계라고 느끼는 곳이며, 그것을 토대로 아이는 안심하고 밖으로 세계를 넓혀나가는 것이다.

아이에게 이름을 지어주는 행위는 부모를 중심으로 한 어른과 아이의 첫 번째 소통으로, 매우 중요한 커뮤니케이션이다. 그것은 어른이 아이에게 보내지는 메시지라고 할 수 있다. '너는 우리와 함께하는 사람이다', '너를 환영한다'라는 마음을 담은 이름인 것이다. 아이들은 누구나 그런 이름을 받을 권리를 가진다. 그래서 생명이 끝날 때까지 자신의 이름을 소중히 가슴에 품는다. 자신과 자신의 이름을 사랑하면서 말이다.

하지만 전쟁이라는 최대의 불행이 아이를 덮쳤을 때 부모와 이름을 모두 잃는 비극이 생길 수 있다. 일찍이 중국에서는 전쟁 속에 부모를 잃거나 부모에게 버려져 자신의 이름이나 부모 얼굴도 모르는 채로 양부모에게 양육되는 사람들은 양부모를 소중하게 생각하면서도 자신의 출발점인 부모를 계속해서 찾는다고 했다. 지금도 많은 전쟁으로 아이들은 이러한 현실을 매일매일 위협받고 있다.

이름과 부모는 아이에게 둘도 없는 생활의 핵 같은 존재다. 하지만 그것을 잃은 수많은 불행한 아이들이 존재한다. 사람은 언제나 원하지 않는 운명을 짊어지고 살아가고, 언제 그것이 자신의 생활을 지배할지 예측할 수 없다. 그러므로 원하지 않는 운명에 가끔씩 엮일 때 사람은 그것을 받아들이고 정면에서 바라볼 수밖에 없다. 그리고 사람은 반드시 길을 열어가야 한다. 주변 사람들이 사슬처럼 서로 엮여 있는 한은 그 사슬의 어딘가에 우리 모두 위치한다.

너와 나, 그리고 우리

제8조 (정체성의 보전)

1. 협약을 맺은 나라는 아이가 불법적인 간섭 없이 법에 의해 인정된 국적과 이름 그리고 가족관계를 포함한 그 정체성을 보전하는 권리를 존중한다.
2. 아이가 그 정체성 요소의 일부 또는 전부를 위법하게 박탈당한 경우에는 신속하게 그 정체성을 회복시키기 위한 적절한 지원과 보호를 제공해야 한다.

아이덴티티(identity, 정체성)라는 발음도 꼬이는 영어단어가 언제부터인가 우리 생활에 깊이 들어와 있다. 신분을 확인하는 ID카드도 흔히 사용한다.

아이덴티티는 사전에서 신분, 개성, 독립성, 주체성 등으로 번역되어 있지만, 한마디로 말해 '자신으로 있는 것'이라는 뜻이다.

근대 사상의 기초를 이루는 개인의 기본적인 자유와 권리인 인권도 이와 관련이 있다. 이 조문에서는 아이를 하나의 개인으로 보고 그 정체성을 존중하자고 약속하는 것이다.

여기서는 정체성이라는 개념과 관련이 있는 '자존감'에 대해 생각해보자. 나는 나, 너는 너, 하지만 '너와 나는 같이 살아가는 것이다'라고 말할 때는 '나'의 자존감이다.

자존감에는 '아프다'라는 신체 단계에서부터 '자신이란 무엇인가?'라는 사회적 단계까지 다양한 단계가 있다. 어린아이가 거울을 바라보면서 웃는 것도 자존감과 관계가 있다. 더욱이 현대의 젊은이를 중심으로 퍼지고 있는 '자아 찾기'의 대책 없는 탐색 등은 하나의 상품적인 환상으로서 자아의식처럼 느껴진다. 현재도 지구상에 그런 생활을 하고 있는 사람들이 많이 있지만, 그런 사회에서는 '자신의 감각'보다는 '우리의 감각'이 중요하다. '자신의 생각'보다도 '집의 관습'이, '마음이 맞는 동료'보다는 '지역의 인연'이 생활의 중심에 있기 때문에 그것도 어떤 의미로는 마음이 편안한 생활이라고 할 수 있는 것이다.

현재는 '개인'이 중시되는 시대이지만 예전에는 '나'보다는 '우리'가 중요한 시대였다. '개인'으로 취급받는다는 것은 '추방자'처럼 집단에서 격리되거나 배제되는 것이었다. 그것이 곧 '개인의 처벌 형태이기도 했다. 어릴 적 야단을 맞을 때면 우리는 늘 "네 방에서 나오지 말고 반성해"라는 말을 들었다. '모두가 있는 집안에서 배제'라는 의미로, 이러한 제재의 형태는 왕따나 따돌림처럼 아직도 남아 있다.

그런데 현재의 시민사회에서는 '개인'이 중시되고 있다. 많은 아이가 자신의 방을 갖고 있거나 부모나 가족을 거부하는 방법으로서 말이다. 과거에는 아이를 방에 가두는 것이 일종의 벌이었는데 이제는 반대로 아이 스스로 틀어박혀

방 밖으로 나오지 않는다. 그래서 지금은 아이의 방을 빼앗는 것이 오히려 아이에게 벌이 되어버렸다.

지역 공동체나 가족 집단이 상위에 있고 개인이 그 속에 있을 때 개인은 관계에 서로 연결되어 있어 긴장에서 벗어날 수 있었다. 하지만 힘을 가진 사람이 집단을 이끌고 있었기 때문에 약한 사람은 지배당하기 쉬웠다. 남성을 위에, 여성과 아이를 아래에 두는 가부장제가 그 전형이다. 여성이 한 인간으로서가 아니라 '배(자궁)를 빌리는 것'이라는 꺼림칙한 표현처럼 단순히 소유물로 취급되었던 것은 그렇게 먼 과거의 일이 아니다. 그런 점에서 여성뿐만 아니라 아이도 똑같이 '개인'으로 인정되었다는 것은 상당히 진일보한 일이다.

하지만 집단과 개인, 소속과 자립, 관계성과 개인성이라는 테마는 그리 간단한 것이 아니다. 그것은 우리들이 살고 있는 현대에서 커다란 문제다. 그렇다면 자존감을 존중하면서 사람들과 풍부한 관계를 유지하는 과제를 우리는 어떻게 만들어가야 할까?

이 문제에 대해 생각할 때는 문화인류학자 하라 히로코原ひろ子가 보고한 캐나다 원주민인 헤어 인디언Hare Indian이 떠오른다. 헤어 인디언은 사회에서 집단을 이루며 살지만, 모든 사람에게 수호신이 있다고 믿는다. 어른뿐만 아니라 어린아이에게도 말이다. 아이들은 자신의 수호신을 혼자 숲을 돌아다닐 때 발견하는 경우도 있고, 꿈에서 나타나 그 존재를 아는 경우도 있다. 아이들의 수호신은 비버일 수도 있고 담비일 수도 있다. 그리고 누구든 자기 자신의 수호신과 말을 주고받거나 각자 나름의 방식으로 소통하며 생활한다. 이런 개인생활은 부모나 형제라고 해도 간섭할 수 없다고 한다(하라 히로코, 《아이의 문화인류학子どもの文化人類学》).

이 이야기는 여러 시각으로 받아들일 수 있다. '부모 자식 간에 남같이'라고 생각하는 사람이 있을지도 모르지만, 나는 '현명하고 자연스러운 생각'이라고 여긴다. 어른과의 관계에서 약자인 아이에게 어른은 언제라도 마음대로 할 수 있지만, 이 아이에게 수호신이 있다는 생각은 어른을 겸허하게 하고 아이에 대한 지배욕을 억누를 수 있도록 한다. 아이의 '자아'를 자연스럽게 소중히 여기고 더욱이 동료로서 아이와 함께 살아가기 위해서는 이 사려 깊은 지혜를 배워야 한다.

부모와 떨어지는 것도 절차가 있다

제9조 (부모와의 이별을 위한 절차)

1. 협약을 맺은 나라는 부모의 의사와는 상관없이 아이가 부모와 떨어지지 않도록 보장해야 한다. 단, 권리 있는 기관이 사법심사에 따르는 것을 조건으로 적용 가능한 법률과 절차에 따라 이러한 분리가 아이에게 최선의 이익을 위해 필요하다고 결정한 경우에는 그러지 않아도 된다. 해당 결정은 부모에 의한 아이의 학대와 유기, 또는 부모가 별거하여 아이의 생활공간을 결정해야만 할 경우 등에 특별히 적용된다.
2. 제1항에 기초하는 어떠한 절차에서도 모든 이해 관계자는 해당 절차에 참가하여 자신의 견해를 알리는 기회가 주어져야 한다.
3. 협약을 맺은 나라는 한쪽 혹은 양쪽 부모에게서 분리된 아이가 아이의 최선의 이익에 반하지 않는 한, 정기적으로 부모와 개인적인 관계 및 직접적인 접촉을 유지할 권리를 존중해야 한다.
4. 이러한 분리로 인해 한쪽 혹은 양쪽 부모 또는 아이의 억류, 구금拘禁, 유형流刑, 추방 또는 사망(국가의 구속에 의한 사망 등 어떠한 것이든 다 포함한다) 등이 협약을 맺은 나라에 의해 행해진 경우에는 협약을 맺은 나라는 신청에 기초하여 부모, 아이 또는 다른 가족 구성원에게 부재중인 가족의 소재에 관한 필요한 정보를 제공해야 한다. 단, 정보의 제공이 아이의 복지를 해하는 경우는 그러지 아니한다. 협약을 맺은 나라는 더욱이 해당 신청의 제출 자체가 관계자에게 불리한 결과를 초래하지 않도록 조치를 취해야 한다.

이 조문은 길고 읽기 또한 쉽지 않다. 정리해서 해설할 필요가 있다. 먼저, 아이는 부모에게서 떨어지면 안 된다. 단, 부모와 함께 있는 것이 명백하게 위험한 경우는 제외한다. 학대당하거나 방치·방임 등 생명에 위험이 있을 정도의 극단적인 경우를 말한다. 다음으로, 부모와 떨어져 살아야 하는 경우에도 아이는 부모와 만날 권리를 가진다. 더욱이 부모와 떨어졌던 아이는 왜 자신이 그렇게 되었는지 알 권리가 있고, 어른은 그것을 위한 배려를 해야 한다는 것이다. 이상이 제9조의 요약이다.

아이는 자신이 살아가기 위해서 필요로 하는 것을 알고 강하게 요구한다. 부모는 먹을 것을 주거나 불안과 위험으로부터 지켜주는 사람이라는 것을 갓난아이는 금방 기억한다. 안전하게 살아가려고 하는 것을 생명체의 본능처럼 느낀다.

또 지켜주는 사람으로서 부모는 중요한 존재다. 하지만 인간처럼 부모라는 존재가 장기간에 걸쳐 강조되는 종種은 거의 없다. 아마 고도화된 복잡한 사회를 살아가면서 인간의 불안으로 부모라는 역할이 비대해졌는지도 모른다. 그것이 이 조문에서처럼 부모와 아이의 관계에 대한 문제들을 더 어렵고 복잡하게 만들었다.

부모와 자식 간의 이러한 복잡한 관계를 나는 동물의 지혜를 본받아 단순하게 할 필요가 있다고 생각한다. 동물은 정말로 간결하게 새끼를 기른다. 예를 들어, 봄에 태어난 망아지는 얼마 지나지 않아 어미 말과 함께 목초지에서 어울리며 뛰어다닌다. 어미 말은 묵묵히 풀을 먹으면서 아주 가끔 킁킁거리며 망아지에 주의를 준다. 하지만 그것은 무언가 위험한 일이 일어났을 때뿐이다. 너무 멀리 떨어지면 크게 우는 경우도 있지만, 대체로 동물의 어미는 조용하고 별로 참견하지 않는다. 그리고 어미의 목소리가 들리면 망아지는 바로 돌아온다.

인간과 크게 다른 점은 젖을 떼는 것과 동시에 부모 자식 간의 연이 끊긴다는 것이다. 말은 약 반년 정도인데, 어미에게서 떨어진 어린 말은 자신의 무리를 만들어가고 조금 더 시간이 지나면 부모를 잊는다. 이것이 아마도 동물에게 중요한 지혜가 아닌가 생각한다.

부모는 새끼를 낳고, 새끼는 자라서 부모가 되어 자기의 부모를 잊는다. 늙은 부모는 조용히 죽음을 받아들이며 대지로 돌아간다. 버려야 할 많은 것들을 가지고 욕망에 휩싸인 우리 인간에게서는 도저히 찾아볼 수 없는 깔끔함과 현명함이다.

새끼는 젖을 바라고, 어미는 부풀어 오른 젖을 먹어줄 새끼를 필요로 한다. 그렇게 서로를 필요로 하다가 새끼가 자라면 자연스럽게 어미에게서 떨어지는 것이다.

동물의 육아와 독립은 조용하고 깔끔하다. 거기에는 언제나 적절한 때가 존재한다. 그런데 적절한 때를 거부하는 인간의 폭력적인 행동이 동물을 고통스럽게 한다. 말의 어미와 새끼를 인간이 무리하게 떼어놓으면 갑작스러운 상황에 어미는 계속 울부짖고 망아지는 흠뻑 땀을 흘리며 떤다. 자연의 섭리를 거스르고 폭력적으로 어미와 새끼를 분리함으로써 새끼는 그 시점에서 매우 커다란 충격을 받는 것이다.

말의 경우에는 젖을 뗀 지 3일이 지나면 어미를 잊고 알아보지 못한다. 하지만 인간은 '부모 자식의 연'이 특별한 것이라는 문화적 영향력으로 일생동안 지속된다. '부모의 죽음을 눈으로 볼 수 없다'라는 표현처럼, 그것을 인간 불행의 일부라고 생각하는 것도 '부모 자식의 연'을 중요시하는 우리 사회의 의식 때문이다.

고도화된 복잡한 현대사회에서 인간은 하나하나로 떨어지기 쉽기 때문에 강한 문화적 규범이 없으면 살아가기가 어렵다. 그러므로 부모와 자식, 그리고 가족의 연이나 도리, 체면 등을 인정하거나 지키지 않는다면 인간의 기반조차 무너져버릴지도 모른다. 그런 의미에서도 부모와 자식, 특히 어머니와 아이의 관계를 특별하게 여기는 것은 안전하게 살기 위한 인간의 지혜 중 하나라고 할 수 있다.

하지만 현재와 같이 어머니와 아이가 특별한 형태로 묶이는 것, 즉 아이에게 어머니만이 유일하게 의지할 수 있는 존재라는 상황은 절대로 행복한 것이 아니다. 아이는 어머니에게서 버림받으면 안 된다는 생각으로 어머니에게 너무 종속되어버리기 쉽기 때문이다. 그러면 성인이 되어서도 부모의 지배나 간섭으로 힘들어할 수밖에 없는 것이다. 사실 그것 때문에 힘들어하는 젊은이들 또한 적지 않다.

이 조문이 금지하고 있는 것처럼 아이가 제3자에 의해 강제적으로 떨어져서도 안 되지만, 부모의 존재가 지나치게 강한 것도 문제다. 그 의식은 아이의 인권을 거꾸로 경시하는 방향으로 움직일 수도 있다. 그리고 부모를 잃거나 떨어질 수밖에 없는 아이에 대해서 '불쌍한 부모 없는 아이'라는 차별을 만들게 될 것이다.

일찍이 후쿠오카 현의 야나가와 지역에서 자신들의 손으로 만든 공동보육원을 다음과 같이 표현했다.

"어머니가 세 살짜리 아이를 남기고 이 세상에서 떠나야만 할 때, 그 아이를 맡기고 안심하고 저세상으로 갈 수 있는 곳……."

자신의 친부모가 누구인지 아는 것, 그리고 많은 어른들에게 애정 어린 보살핌을 받으며 길러지는 그런 환경이야말로 아이가 살아가기 위한 권리를 지켜나가기 위해서는 꼭 필요한 것이다.

부모와 아이를 국가가 갈라놓을 때

제10조 (가족 재회를 위한 출입국)

1. 가족 재회를 목적으로 하는 아이 또는 부모의 출입국 신청은 제9조 제1항에 규정한 협약을 맺은 나라의 의무에 따라 국가에 의한 적극적이고, 인도적인 방법으로 신속하게 대응해야 한다. 또한 협약을 맺은 나라는 해당 신청의 제출이 신청자와 그의 가족 구성원에게 어떠한 불리한 결과가 초래하지 않도록 조치를 취해야 한다.
2. 부모가 다른 나라에 거주하는 아이는 예외적인 경우를 제외하고 정기적으로 부모와 개인적인 관계 및 직접적인 접촉을 유지하는 권리를 갖는다. 협약을 맺은 나라는 이 목적을 위해 제9조 제1항에 규정한 협약을 맺은 나라의 의무에 따라 아이와 부모가 자국을 포함하여 어떤 나라로부터 출국할 수 있는 권리와 자국에 돌아올 수 있는 권리를 존중한다. 어떤 나라로부터 출국할 수 있는 권리는 법률에서 정하는 권리로서 국가안보, 공공질서, 공중보건이나 도덕, 또는 다른 사람의 권리와 자유를 보호하기 위해 필요하며, 이 협약에서 인정하는 다른 권리에 저촉하지 않는 한 제한해서는 안 된다.

제11조 (국외 불법 이송, 미귀환의 금지)

1. 협약을 맺은 나라는 아이의 국외 불법 이송 및 미귀환non-return과 싸우기 위한 조치를 취해야 한다.

2. 이 목적을 위해 협약을 맺은 나라는 두 나라 및 혹은 다수의 나라 사이의 협정을 체결하거나 기존 협정의 가입을 촉진해야 한다.

국가가 인간을 지킨다는 명분으로 인간을 차별하거나 배제하는 양면성을 갖고 있다는 사실은 제7조에서 살펴보았다. '국가의 안전'이란 '안전하지 않은 것'을 배제하는 것으로 이루어져 있기 때문이다. 이 조문에서는 아이가 스스로 원하지 않는 형태나 폭력적으로 가족과 떨어진 경우 재회하려고 할 때 나라를 초월하여 국가는 가능한 빠르게 그 희망을 이루어주어야 한다는 것이다. 즉 부모와 아이의 뜻에 반하여 아이를 국외에 데리고 가거나 돌아갈 수 없도록 막아서는 안 된다는 것 등을 규정하고 있다.

하지만 대부분 이런 불상사는 국가 사이의 심한 대립이나 전쟁과 관련되어 있다. 그러므로 아이와 부모가 떨어져야만 하는 사태를 일으키지 않거나 국가 간에 서로 싸우고 죽이는 일을 없애는 것이 근본임은 두말할 필요도 없다. 어릴 때 제2차 세계대전을 겪은 나는 국기國旗나 국가國歌란 것을 별로 좋아지지 않는다. 국가國家라는 인식은 가능한 작을수록 좋다. 국가보다 우선 먼저 한 명 한 명의 인간이 소중하다고 여긴다면 나라와 나라 사이의 싸움도 일어나지 않을 것이다. 국가라는 미명 아래 권력이 국민을 지배하는 구조에서는 결과적으로 약한 입장에 있는 아이는 더 큰 불안이나 위험에 처할 수도 있다.

그런데 이 조문의 제10조 2항에는 단서가 붙어 있다. 즉 '국가안보, 공공질서, 공중보건이나 도덕, 또는 다른 사람의 권리와 자유를 보호하기' 위해서는 개인이 바라더라도 나라를 떠나는 권리가 제한된다는 것이다. 결국 공공의 질서가 무엇이고, 다른 사람의 권리나 자유가 무엇인가를 결정하는 것은 국가라는 것이다. 국가로 인해 아이나 부모의 희망은 언제라도 저지될 수 있다. 따라서 이 협약 자체가 순식간에 그림의 떡이 될지도 모르기 때문에 우리 한 사람 한 사람이 국가의 모습을 언제든 신중하게 판단하지 않으면 안 되는 것이다.

더욱 명심해야 할 것은 부모에게서 떨어져 부모를 만날 수 없는 아이가 안타깝게도 끊이지 않고 있다는 사실이다. 한편으로는 이미 발생한 일들도 잊지 않고 계속 바라봐야 한다.

그리고 지금까지 가끔씩 다루었지만, 우리 사회에 깊이 스며든 '부모 신화'라는 것에 의문을 갖고 있다. 즉 부모가 다 있어야 행복하다거나 아이의 인생이 부모에 의해 결정된다는 것을 다시 생각해봐야 한다는 것이다. '부모를 잃어버려도 아이는 자란다'라는 속담처럼 아이가 자라나는 힘은 헤아릴 수 없고, 부모는 그 일부일 수밖에 없다. 중요한 것은 자신이 태어나서 다행이라고 아이 스스로가 느끼고 있다는 점이다. 물론 부모는 언제나 중요한 역할을 담당한다.

불행하게도 부모로부터 떨어지게 된 아이와 부모에게 버

림받은 아이들이 그래도 '내가 태어나서, 살아갈 수 있어서 다행이다'라고 느끼기 위해서는 어른이 '부모가 절대絶對'라는 신화로부터 먼저 해방되는 것이 필요하다. 부모뿐만 아니라 아이와 우연히 연을 맺은 어른 누구라도 그 아이의 존재를 환영하는 생각을 공유하는 것이 부모를 잃은 아이들을 다른 삶으로 인도할 것이다.

말하고 싶어 하는 아이들

제12조 (의견 표명권)

1. 협약을 맺은 나라는 자신의 견해를 정리할 능력이 있는 아이에 대해서 그 아이에게 영향을 주는 모든 것들에 대해 자신의 견해를 자유롭게 표명할 권리를 보장해야 한다. 이때 아이의 견해는 그 연령과 성숙 정도에 따라 정당하게 중시되어야 한다.
2. 이 목적을 위해서 아이는 특히 국내법의 절차와 규칙에 일치하는 방법으로 자신에게 영향을 주는 어떠한 사법적·행정적 절차에서도 직접적 또는 대리인이나 적절한 기관을 통해서 진술할 기회가 주어져야 한다.

"너는 어리니까 아무것도 몰라."

"어른이 정해줄 테니까 조용히 있어."

아이는 이런 말들을 오랫동안 들어왔다.

아이가 자기 의견을 말하면 '버릇없다'라고 낙인이 찍히거나 '어른처럼 말대답을 하고 아이 같지 않다'라며 미운털이 박히기도 했다. 하지만 이 조문에서는 아이도 한 명의 인간으로서 의견을 표명할 수 있다고 선언한다. 이것은 이제까지 아이를 바라보던 관점을 크게 바꾸는 것이다. 일본에서 이 조문이 '아이들의 권리협약' 가운데 대표적으로 화제가 되는 것도 이 때문이다.

아이는 참으로 자기주장이 강한 생명체다. 막 태어난 갓난아이는 남을 신경 쓰지 않고 자기 뜻대로 행동한다. 자고 싶은 만큼 자고, 일어나고 싶을 때 일어나고, 먹고 싶을 때는 우는 것이 아이다. "우는 아이와 마름에게는 못 당한다"라는 옛말처럼 아이는 절대로 물러서지 않는다.[6] 어른의 욕구로 만들어진 이 세상의 결정을 뿌리칠 기세로 아이는 자신의 욕구를 주장한다. 아이의 고집을 달래서 어른 사회에 익숙해지게 하는 훈련이 바로 아이에게 예의범절을 가르치는 일이다.

아이에게도 아이의 주장이나 욕구가 있지만 먼저 생긴 어른의 욕구에 양보해야만 한다. 예의범절이나 교육이라는 말은 그럴 듯하지만, 결국 어른의 욕구에 맞추려고 하는 것에 지나지 않는다. 그러므로 아이를 키운다는 것은 아이와 어른이 서로 양보해나가는 과정이라고 할 수 있다.

아이는 어리기 때문에 아직 자신의 생각이나 의견 등을 가지고 있지 않다고 여기는 것은 잘못된 생각이다. 그것이야말로 어른의 욕구에 맞춘 생각일 뿐이다. 아이 입장에서 보면 자신들의 의견을 말하고 싶어도 그럴 수 있는 위치가 아니다. 작은 아이가 자기주장을 하는 것만 봐도 알 수 있듯이, 대부분의 아이들은 하고 싶은 말을 마음속에 한가득

6) 마름은 지주를 대신하여 소작인을 관리했던 사람으로 땅주인처럼 행세하거나 힘없는 농민들을 괴롭히기도 했다.-옮긴이.

담고 있다.

'아이는 의견을 말하지 않는 것', '아이의 자기주장은 어리광이나 버릇없는 것'으로 치부하는 문화 속에서 아이는 말하는 것을 포기했기 때문에 사회는 어른 위주로 돌아간다. 일본뿐만 아니라 유럽과 미국 같은 대부분의 나라들도 철저하게 어른 중심의 문화이다. 예를 들어 독일에서는 예전부터 '착한 아이'를 표현할 때 'gehorsam'이라는 형용사를 사용하는데, 이 말은 '말을 잘 듣는, 유순한, 순종적인'이라는 의미이다. 본래의 뜻을 찾아보면 '잘 듣고 귀를 기울이다'라는 것으로, 아이의 입장에서 보면 '자기주장을 하지 않고 어른의 말에 귀를 기울이며, 잘 따른다'라는 의미다. 즉 말없이 어른의 기분을 상하지 않게 하면서 수동적으로 따르는 것을 아이가 취해야 할 미덕으로 여겼다.

아이를 그렇게 교육하지 않으면 안 되었던 이유는 물론 있다. 어른과 아이가 같은 사회에 살면서 함께 안전하게 살아갈 지혜를 모아야 했기 때문이다. 혹독한 자연 속에서 아이의 울음은 위험을 초래할 수도 있다. 그래서 먼저 아이에게 울음소리를 내지 않도록 하는 것을 가르쳤을지도 모른다. 그때는 아이의 의견이나 자신의 입장을 표명하는 것 자체가 한가한 말이었을 것이다.

사실 앞에서 언급한 헤어 인디언은 영하 몇 십 도나 되는 광활한 대지에서 긴 겨울을 지내는데, 아이들이 춥다고 울면 눈물이나 콧물이 얼어서 동상에 걸리기 쉽다. 심한 동상에 걸리면 귀나 코가 떨어져버린다는 것을 세 살짜리 아이도 어른들에게 교육을 받아서 잘 알고 있다고 한다. 그래서 울고 싶은 마음을 억누른 채 추위를 견디는 것이다. 자신의 욕구를 생각할 겨를도 없이 아이는 어른에게서 교육받은 것들을 그대로 받아들인다.

전통적으로 어른은 의지할 수 있는 사람이자 가르쳐주는 대상이고, 아이가 안전하게 살아갈 수 있도록 훌륭한 길을 안내해주는 사람이었다. 어른과 아이의 관계가 인생의 선후배 관계로 자연스럽게 조화를 이루는 것이 우리 사회의 모습이었다. 불과 얼마 전까지만 해도 이런 모습을 가까운 곳에서 흔히 볼 수 있었다. 땅을 갈면 농사를 짓고 바다에 나가 고기를 잡아 생활을 하던 시대에는 아이는 어른이 하는 거의 모든 것을 보고 배웠기 때문에 어른이 선망의 대상이기도 했다. 본래 어른과 아이의 관계는 이처럼 단순했다.

그러나 현대사회는 단순하고 자연스러운 과거의 질서들을 파괴해버렸다. 어른과 아이의 경계가 사라지면서 실질적으로 아이는 어른과 별로 다르지 않는 생활을 한다. 소리와 영상 문화가 세상의 기반이 되어버렸기 때문에 귀와 눈으로 들어오는 많은 정보들을 어른과 아이의 구분 없이 접할 수 있게 된 것이다.

지금의 정보화 사회에서는 아이가 어른에게 인도되는 것은 위태로운 일이 되었다. 하이테크놀로지의 진행은 생각보다 빠르다. 어른과 어른이 똑같이 아는 것, 어른보다 아이가 더 잘 알고 있는 것, 그리고 지금까지처럼 아이는 아직 알지 못하는 것 등이 삶 속에 섞여 있다. 예전의 연날리기나 팽이치기 같은 아이의 놀이는 어른이 가르쳐주지 않으면 할 수 없었지만, 지금의 컴퓨터 게임들은 어른조차 쉽게 따라할 수 없는 놀이로 아이들 스스로 터득한 것이다.

미국의 교육자이자 미디어 생태학자 닐 포스트먼Neil Postman은 《아동기의 소멸*The Disappearance of Childhood*》(1982)에서 이미 시대는 아이와 어른의 관계를 재정립하지 않으면 안 되는 상태에 이르렀다고 했다. 일본에서도 지난 수 십 년간 진행되어왔는데, 특히 최근에는 이 현상이 눈에 띌 정도이다. 그렇다면 어른의 역할은 어떤 식으로 변해야 할까?

과거의 질서는 어른의 '위대함'을 형식적인 유산으로 남겨버렸지만, 사실 어떤 의미로는 옛날부터 어른과 아이가 별반 다르지 않았을 것이다. 아이 같은 어른이 있거나 어른처럼 분별 있는 아이가 있거나 아이에게 비웃음 받거나 무시당하는 어른도 있었다. 그리고 하루키 에츠미はるき 悦巳의 《꼬마숙녀 치에じゃりン子チエ》라는 만화에 나오는 초등학교 여자아이 치에가 아버지 테츠를 돌보고 때로는 가정을 이끄는 이야기처럼 어른을 돌보는 아이도 있을 수 있다.

어른과 아이의 관계가 바뀌거나 역할을 서로 대입하는 현상은 현대사회에 들어와서 시작된 것이 아니다. 하지만 현대사회처럼 양자의 경계가 희미해진 시대도 없었다. 적어도 어른과 아이 사이에는 완력과 근력의 차이가 있었고 어른밖에 할 수 없었던 숙련의 문제도 있었으며, 그것이 노동의 모습으로 연결되어 있었다. 하지만 지금은 특별한 노동력이나 기술이 필요한 것이 아니라 대부분 '손가락 노동'으로 이루어져 있기 때문에 어른과 아이의 경계가 어긋나기 시작한 것이다. 그래서 편의점 계산대에서 남자아이와 여자아이가 나란히 일하고 있어도 어색하거나 부자연스럽지 않다. 그리고 패스트푸드 가게에서도 많은 아르바이트 학생들이 매뉴얼대로 일을 하는 경우도 흔하다.

앞서 어른의 '위대함'이 형식적으로만 남았다고 말한 것은 이 때문이다. 인간은 자신의 손에 들어온 유리한 것, 즉 기득권을 좀처럼 놓지 않는다. 세상이 새로운 형태로 변했는데도 말이다. 어른들은 변함없이 '아이는 어른의 말에 따라야만 한다', '한 사람의 인격체로서 말하는 것은 아니다'라는 생각을 갖고 있다. 시인 요사노 아키코与謝野晶子가 "여자도 한 인간으로서 말을 하고 싶다"라고 말하던 시절이 있었는데도 아이에 대해서만은 '말을 하면 입을 막는' 상황이 여전히 존재한다.

이러한 모순을 더욱 키우는 곳이 바로 아이가 매일 시간을 보내고 있는 학교다. 아이가 학교의 주인이란 말은 오래전부터 있었지만, 그것은 안타깝게도 말뿐이다. 사실 아이의 생활은 학교에서 정한 일정이나 교칙, 그리고 가치관에 의해 단단히 제한을 받고 있다. 학교 관리자, 교사, 부모의 입장 때문에 말이다. 어른은 '아이 주제에'라는 틀에 아이를 가두어놓고 실제로는 희미해진 어른과 아이의 경계를 사수하려는 것처럼 보인다. '아이 주제에'라는 것은 어른이 가지고 있는 행동의 자유나 말할 자유를 주지 않는 것이고, 어른의 지배를 당연하게 받아들이는 것이다. 어른은 아이를 지배하기 위해서 '위'에만 있으려고 한다.

학교는 이런저런 괴로움과 즐거움 등으로 둘러싸인 인간관계가 녹아 있는 재미있는 장소이기도 하다. "이런저런 일이 있지만 친구가 있으니까 학교는 즐거워요"라고 아이들이 말하는 것도 그 때문이다. 그리고 학생이라는 아이들과 교사라는 어른들이 우연한 만남을 필연의 관계로 키워나가는 학교는 사람이 모이는 장소, 삶을 살아가는 장소이기도 하다.

하지만 큰 흐름으로 보면, 어른들이 학교라는 곳에서 아이들의 활발함에 부자연스러움과 무리한 억지를 쌓아올린 것은 부정할 수 없다. 그 원인은 어른들이 시대의 상황 속에서 아이의 위치가 변한 사실을 자각하지 못한 채 '아이를 위해서'라며 아이를 관리하는 수단으로 학교를 사용했기 때문이다. 아이는 어른과 그렇게 다르지 않는 위치에 있는데도 어른은 그것을 보려고 하지 않고 '아이는 어른에게 복종해야만 한다'라는 생각에 사로잡혀 학교를 아이들을 조작하는 도구로 사용했다. 점수나 서열, 성적, 세세하고 엄격한 교칙, 체벌 등이 그것을 증명한다. 따지고 보면 어른은 그들의 체면과 학교의 권위를 사수하기 위해 몸부림친 것이다.

어른의 권위가 유명무실화되었는데도 어른들은 그것을 보

려 하지 않고 오히려 아이를 따돌리는 구조를 더욱 강화했다. 하지만 이러한 상황을 바꿀 수 있는 것은 아이들 스스로 자기주장을 시작하고 어른들은 그것에 귀를 기울이는 것뿐이다.

얼마 전 아오모리 현에서 열린 한 모임에서 초등학생부터 대학생까지 일곱 명의 아이와 젊은이들이 교사나 학교, 그리고 사회를 향해 자신들의 의견과 희망을 말하는 생생한 목소리를 들었다. 인상적이었던 것은 그들의 시원시원함과 강함이었다. 조용하면서도 꾸미지 않고 또박또박 말하는 목소리는 어른들에게 깊은 울림을 주었다. 그 내용은 '아이를 줄 세우거나 비교하지 마라, 휴일에는 공부보다 말 그대로 휴일을 즐기게 해 달라, 따돌림을 심각하게 만드는 무신경한 대응을 알아차려 달라, 학력사회를 바꾸지 않으면 아이들 사이의 우정은 자라나지 않는다' 등이었다.

아이들에 이어서 교사를 포함한 어른들이 고민이나 바람을 말했다. 마지막으로 발언을 한 중학생은 어른들이 이렇게나 많은 문제들을 생각하고 있다는 사실을 처음 알았다고 했다. 아이와 어른이 한자리에서 대등하게 이야기하는 것이 지금이야말로 필요한 때이다. 아이들은 각자 자신의 생각을 표현하는 방법을 가지고 있다. 지금까지 아이들이 의견을 드러내는 것은 무리라고 단정한 것은 사실 장소를 마련해주지 않았기 때문이다. 아이들이 적극적으로 자신의 생각을 당연하게 표명할 때 어른들도 교만에서 해방되어 자연스럽게 아이와의 관계를 유지할 수 있을 것이라고 믿는다.

마지막으로, 이 조문에서 하나의 의문을 짚고 넘어가자. 제1항의 '자신의 견해를 정리할 능력이 있는 아이에 대해서'와 '그 연령과 성숙 정도에 따라 정당하게 중시되어야 한다'라는 구절이다. 남들보다 뛰어난 언어 능력을 가진 아이, 즉 어른스러운 아이에게 의견 표명의 권리를 인정한다는 것으로 비춰져 참으로 애석하다. 왜냐하면 '어른과 비슷한 능력'을 갖고 있는 것이 전제가 되기 때문이다.

사실 이 협약마저도 '어른이 위, 아이는 아래', '아이는 어른에 가까워져야만 하는 것'이라는 기존의 관점에서 크게 탈피하지 못했다. '교육'을 포함해서 많은 시간을 필요로 하는 일이다. 더욱이 지금까지 아이는 '똑바로 말을 못하는 사람, 글자도 잘 쓰지 못하는 사람'으로 취급되었다. 언어만이 의견 표명의 유일한 수단이 아니다. 우는 것, 화내는 것, 굳게 입을 다문 것, 아니라고 하면서 목을 옆으로 계속 흔드는 것 등 방법들은 매우 다양하다. 언어능력만으로 한정하지 말고 아이가 전하는 메시지를 섬세하게 받아들이는 부드러움을 가져야 하는 것이다.

이 조문은 반드시 일본에서 아이와 어른의 관계를 묻는 동기를 부여할 것이다. 하지만 어른의 굳어버린 발상이나 감성을 유연하게 하여 아이와 같은 선상에 서기 위해서는 우리가 넘어야 할 문제와 단계는 아직도 많이 남아 있다.

생각하고 표현하며 어울리다

제13조 (표현/정보의 자유)

1. 아이는 표현의 자유를 갖는다. 이 권리는 구두口頭, 손 글씨 혹은 인쇄, 예술의 형태, 또는 아이가 선택하는 다른 방법에 의해 모든 종류의 정보와 생각을 국경에 관계없이 요구하고 받아들이며 전하는 자유를 포함한다.
2. 이 권리의 행사는 일정의 제한을 받을 수 있다. 다만 그 제한은 오직 법률에 의해 정해지며 다음의 경우에 한한다.
(가) 다른 사람의 권리 또는 명성을 존중.
(나) 나라의 안전, 공공의 질서 또는 공중의 건강 혹은 도덕의 보호.

의견 표명권은 의견을 표현하고 다른 사람에게 생각을 전하는 것이 하나가 되는 권리로, 이를 명문화한 것은 그 자체로서 큰 의미를 가진다. 단순히 의견을 표명하는 것만을 허락한다면 어른이 아이의 의견을 들어주는 것으로 끝나버릴지도 모르기 때문에 지배하는 어른과 복종하는 아이의 관계를 정상화시키기에는 쉽지 않을 것이다. 하지만 이 권리로 인해 아이가 생각을 표현하고 전하며 친구를 만들어 소통함으로써 자신의 의견에 생명이 깃든 관계를 만들어 나가는 것이 가능하다.

정보화시대라는 현대에 이르러서는 어른과 아이 사이에 있었던 지금까지의 질서가 무너져버렸다. 사람이 태어나 성장해가는 시간이라는 자연법칙 속에서 먼저 걸어간 사람인 어른과 그 뒤를 따라가는 사람인 아이의 차이가 확실하게 있던 시대는 지나간 것이다. 불과 60여 년 전만 해도 시간이라는 자연법칙에 따라 살아가는 시대에는 인간의 생활은 단순하고 평온했다. 먼저 태어난 어른은 그 시간에 걸맞은 지식과 경험이 있었고, 뒤를 이어 살아가는 아이는 어른에게서 그것을 보고 배웠다. 즉 어른은 아이에게 노동이나 생활의 기술과 지식을 언어와 문자 등으로 가르쳤다. 이처럼 어른과 아이의 관계는 시간의 질서 속에서 자연스럽게 이루어졌다.

정보 측면에서 문자를 배운다는 행위도 시간이라는 자연법칙에 따르는 성질이 있다. 아이들이 "어른은 매일, 새로운 책을 읽어서 좋겠다"라고 부러워하면, 어른들은 "학교에 가서 공부를 잘하면 커서 너도 읽을 수 있어"라고 말했다. 의심할 필요도 없이 아이들은 그것을 납득하고 그대로 받아들였다. 정보를 얻기 위해 오랫동안 학교에 다니며 글자를 읽고 쓰는 것을 배우지 않으면 안 된다는 사실을 시간이 걸려 습득한 것은 어른이 되기 위한 조건이었다. 아이가 시간을 건너뛰어 한 번에 어른의 지식이나 기술을 익히는 방법은 없었다.

하지만 정보화시대인 요즘 사회는 전자 미디어가 지배한

다. 과거에는 개인이 직접 정보를 습득하던 것을 이제는 클릭 한 번에 순식간에 수많은 정보를 얻을 수 있다. 어렸을 때부터 인터넷 게임 등을 통해 조작하고 이해하는 데 익숙해져 있는 아이들은 이런 방법들이 어렵지 않다. 오히려 아무 문제없이 인터넷 검색 기능을 사용하는 것을 어른이 초등학생에게서 배워야 할 정도다. 즉 습득의 역전이 일어난 것이다. 이런 미디어의 습득은 과거 활자 미디어처럼 긴 세월을 필요로 하지 않는다. 어른이 시대의 변화에 따라가지 못하는 사이에 현대사회에서 태어나고 자란 아이들은 그것을 간단하게 익혔다. 미디어의 질이 습득하기 쉬운 것, 간단한 것이 되었기 때문에 시대가 연륜을 뛰어넘은 것이다.

현대는 영상을 쉽게 접할 수 있는 영상문화의 시대다. 어른뿐만 아니라 아이까지도 TV영상에 강한 흥미를 보인다. 하지만 영상에 포함된 정보량은 활자나 음성뿐인 정보량에 비교할 수 없다. 정보의 질에 대한 문제를 우선 제쳐두더라도, 예를 들어 대지진의 양상이 어떠했는지를 순식간에 생생하게 알 수 있다. 많은 시간을 들여 학교에서 교과서를 읽고 쓰거나 계산하며 습득하던 시대 상황과는 달라진 것이다.

시간에 순응하는 생활이 무너져버린 것과 함께 어른과 아이의 위치나 질서가 변한 것을 환영하지는 않는다. 어떤 의미로는 어른도 아이도 고생하는 시대라고 생각한다. 정보조작이 가능한 시대여서 신경이 쓰이지만 우리의 관계가 서로 평등해지는 길이 열린 것이다. 그러므로 이 조문처럼 아이에게도 정보나 표현의 자유를 확보해주어야 한다. 아이도 갇힌 사람이 아니라 둘러싸인 사람으로서 좋든 싫든 정보에 노출된 시대 속에서 살아가기 위해서는 알고 생각하며 판단하고 표현하며 소통하는 것을 열심히 해야 하는 것이다.

열일곱 살 K군이 있었다. 그는 초등학교 3학년 때부터 학교에 가는 것이 너무나 고통스러웠기 때문에 등교거부를 했다. 어느 날부터 경마에 흥미가 생겨 경마장으로 놀러 다녔지만 어른처럼 마권을 사지는 않았다. 그러다가 얼마 못 가서 경마장 직원에게 걸려 경마장 출입도 쉽게 할 수 없게 되었다. 얼마 뒤 K군은 지역의 도서관을 다니기 시작했는데, 그것은 법률상 미성년 금지 조항을 조사하기 위해서였다. 그리고 K군은 학교를 가지 않는 아이들과 함께 동인잡지를 발행했다. 그 잡지에는 K군의 코너가 4쪽 정도 있었는데, 그 코너의 애독자가 꽤 많은 편이었다.

학교 안팎을 따지지 않고 자신의 체험을 통해 필요한 정보를 얻는 것, 그리고 그것을 표현하고 친구를 만들어가는 것은 납득할 수 있는 삶을 살기 위해서라도 아이들에게 필요한 것이다. 이 사회는 어른이나 아이 모두 단순히 규칙으로만 살아가는 사회가 아니기 때문이다. K군의 법률조사나 동인 모임 만들기는 스스로 알고 생각해서 표현하고 소통하는 권리를 선언한 이 조문의 한 실례이다.

어린아이들도 처음에는 여러 가지 표현을 낙서나 춤으로 시작한다. 표현이야말로 자발적인 것이다. 어린아이의 표현을 어른의 취향이나 선입관으로 교정하는 것이 아니라, 그것을 재미있어 하면서 표현하고 소통하는 즐거움을 아이들에게 전해야 한다.

아이에게도 실패할 권리가 있다

제14조 (사상/양심/종교의 자유)

1. 협약을 맺은 나라는 아이의 사상과 양심, 그리고 종교 자유의 권리를 존중해야 한다.
2. 협약을 맺은 나라는 부모와 법적보호자가 권리를 행사할 수 있도록 아이의 능력 발달과 일치하는 방법으로 아이를 감독할 수 있는 권리와 의무를 존중해야 한다.
3. 종교와 신념을 표명하는 자유는 법률로 정하고 공공의 안전과 질서, 공중보건과 도덕, 다른 사람의 기본적인 권리와 자유를 보호하기 위하여 필요한 경우에만 제한될 수 있다.

어느 날 중학교 1학년 여학생과 이야기를 나누었다. 어깨까지 내려온 머리가 잘 어울린다고 했더니 그 여학생이 대답했다.

"학교 갈 때는 검정고무줄로 머리를 뒤로 묶어요. 색이 있는 밴드나 핀은 할 수 없고, 남학생은 머리를 기르면 안 돼요. '중학생다운 머리모양'을 강요하는데 대체 중학생다운 것이 뭐죠? 이상하다고 말하고 싶지만 생활기록부에 기록될까 봐 말을 못하겠어요."

중학생 때는 여러 가지를 하고 싶은 시기다. 몸도 어른의 모습처럼 변하는 나이고, 새로운 세계에 도전하고 실패하면서 배우는 것이 어울리는 나이다. 그런데 지금도 중학생은 어른에게서 '가만히 있어, 자발적인 것은 뭐든 하지 마'라는 메시지를 지속적으로 받는다. 한참 자라야 할 시기에 중학교 3년은 길다. 그런데도 하고 싶은 것, 시도하고 싶은 것을 참으라니. 어른의 심술이 아니고 무엇이란 말인가.

중학생 때는 다양한 경험을 하고 느끼면서 생각의 축, 즉 사상의 기틀을 마련하는 시기다. 지금까지 밑에서 올려다봤던 부모와 시선의 높이가 같아지면, 아이는 부모를 뛰어넘어야만 한다는 것을 느낀다. 부모나 교사의 말을 흘려버리는 것이 아니라 자신의 생각을 가지고 친구들과 함께 사회를 만들려고 하는 것이다. 그것은 자연스러운 인간의 모습으로 지금부터 긴 인생을 걸어가기 위해서 어떻게든 넘어야 할 길이고 과정이다. 그리고 그것이야말로 바로 아이의 권리다.

이 조문에서 말하는 사상이란 자신의 생각을 의미한다. 양심이란 자신의 생각에 충실한 것이고, 종교의 자유란 자신이 믿는 것을 방해받지 않는 것이다. 실제 사상이라는 말은 각각의 사람이 생활 속에서 자신이 어떻게 느끼고 생각하는가이다. 양심이라고 하면 도덕적인 것 같지만, 사실은 자신의 생각을 속이지 않는 것, 그리고 자기 스스로에게 충실한 것이다. 그것은 어른뿐만이 아니라 아이에게도 소중한 영역이다. 사람은 살아가면서 필요한 것을 생각하고 알고 싶다는 바람을 가지고 있다. 어린아이가 '저거 뭐야?', '왜?'

라는 질문을 끊임없이 하는 것에서부터 시작된다.

지금까지 아이가 아직 자신의 생각을 갖고 있지 않다고 여겼는데, 사실 아이는 그런 적이 없다. 다만 어른들이 생각을 표현하는 것을 기대하지 않았을 뿐이다. 생각을 표현하는 기회도 없었고, 그것을 권하는 어른도 없었다. 아이는 어른이 하는 말대로 하고 있으면 된다는 생각이 사회적인 경향이었기 때문이다.

아이는 자신의 주위 사람이나 상황을 잘 보고 이해하고 판단하려고 한다. 그래서 장소만 제공해주면 자신의 생각을 표현하는 것이 가능하다. 그리고 어른은 아이가 필요로 하는 것을 자연스럽게 질문하면 아이는 열심히 대답해준다. 그것은 어른과 아이의 경직된 관계에 생기를 불어넣을 수 있을 것이다.

하지만 자신의 생각을 표현하기 위해서는 경험이 필요하고, 누군가가 이야기를 들어주는 것이 전제가 되어야 한다. 아이도 마찬가지로 다른 사람의 생각에 귀를 기울이고 타인의 말을 들어야만 한다. 어릴 때부터 그런 관계를 쌓아가는 과정에서 '자신의 생각'의 형태를 만들어가는 것이다.

'자신의 생각'을 점차 쌓으면 언젠가는 '사상'으로 커진다. 사상은 많은 사람과의 대화를 비롯하여 여러 감정이나 체험을 포함하고 있어야 건강하다. 간섭하기 좋아하는 어른의 "스스로 생각할 테니 놔둬!"라는 말은 부정적인 표현으로 타인과의 관계에서는 사상의 빈곤화를 만든다. 그러므로 자신의 생각을 갖기 위해서 무엇보다 필요한 것은 '실패'의 경험이다. 번거롭고 복잡한 사회에 대해서 충분한 정보를 갖고 있지 않은 아이가 생각하고 시도하면서 실패를 경험하는 과정을 통해 자신의 판단이 분명해지는 것이다. 스스로 경험하는 실패보다 확실한 정보는 없다.

생각을 갖는다는 것은 시도와 실패가 축적된 것이라고 할 수 있다. 그리고 사람은 실패의 경험을 통해 배우면서 다음 단계로 성장하는 것이다. 나 역시 어렸을 때를 돌아봐도 잊지 못하는 일은 놀랄 만한 실패담뿐이다. 그런데 문제는 아이들이 여러 가지 실패의 경험을 빼앗기기 쉽다는 것이다. 그러므로 어른은 아이들의 손을 놓아야 한다. 그리고 아이가 '실패하는 권리'를 가질 수 있도록 해주어야 한다.

친구 만들기를 충분히 보장하라

제15조 (결사/집회의 자유)

1. 협약을 맺은 나라는 아이의 결사의 자유와 평화적인 집회의 자유의 권리를 인정해야 한다.
2. 이 권리의 행사에 대해서는 법률에 따라 정하고, 국가안보 또는 공공의 안전과 질서, 공중보건과 도덕의 보호, 또는 다른 사람의 권리와 자유의 보호를 위해 민주사회에서 필요한 것 이외의 어떠한 제한도 할 수 없다.

이 조문에서는 아이도 하나의 행동을 하는 주체이고, 자신의 생각으로 결사·집회를 갖는 자유가 인정되어야 한다는 것을 선언한다.

전통적으로 부모나 교사는 아이를 지도하는 역할을 담당하는 어른이었다. 그래서 어른들의 생각에 따라 아이들은 자신만의 독단적인 집단을 만들어 활동하는 것을 환영받지 못하거나 인정받지 못했다. 예를 들면 과거에 중학생의 정치적인 활동이 생활기록부에 기재되면 고등학교에 진학을 하지 못 하는 등 아이들의 집단 활동은 통제되었다.

한편 아이의 집단 활동이나 동아리 활동의 중요성을 강조하는 주장도 조금씩 나타나기 시작했다. 그것은 아이의 사회성이나 친구와의 유대감과 배려하는 마음을 기르기 위해서라는 교육 방침 때문이었다. 하지만 아이의 바람직한 발달을 위해 집단 활동이 중요하다고 하는데도 아이의 집단 형성이나 동아리 활동 그 자체를 본래의 의미대로 인정하는 경우는 드물었다. 이러한 상황에서 이 조문은 아이 스스로 주체적인 활동을 할 수 있도록 새로운 길을 열어준 것이다.

여성 문제를 다룰 때 사용했던 '고무줄 자유', 즉 조금만 늘어나는 고무줄 같은 작은 자유는 아이가 친구를 사귈 때도 해당된다. 왜냐하면 친구 사귀기를 '지켜본다'라고 말하는 어른에 의해 감시당하고 있기 때문이다. 세 살짜리 아이답게 놀아야 된다거나 열한두 살 때는 이런 놀이가 바람직하다고 말하는 것처럼, 발달 척도에 따라 어떤 친구를 사귀고 놀이의 방법까지를 규정하려는 것은 어른의 거만한 태도의 발로이다. 특히 '나쁜' 친구에게 다가가지 못하게 하는 어른의 걱정 또한 심각한 문제이다.

중학교 교칙에는 다른 학교 학생과 놀면 안 된다거나 휴일에 부모와 함께 외출하라는 놀랄 만한 것들이 있다. 그것은 나쁜 친구를 사귀거나 함부로 행동을 하지 말라는 의미일 것이다. 그리고 중학생에게 휴일에 등교해서 공부하라고 정한 것도 아이들이 자유롭게 친구를 사귀거나 나쁜 행동을 할지 모른다는 불안감에서 어른들이 만든 것이 아닌가 싶다. 어른들은 아이들이 친구 사귀는 것을 자신의 시야에 두지 않으면 안심이 안 되는 것이다. 거기에는 아이들끼리 멋대로 하는 집단행동은 제대로 될 리 없다는 어른들의 뿌리 깊은 불신이 박혀 있기 때문이다.

"어린아이는 한가하면 자칫 나쁜 짓을 한다"라는 속담도 있지만, 어른은 '아이는 무리를 만들어 나쁜 짓을 한다'라는 근거 없는 불안을 가지고 있다. 과거에 아이였던 어른 자신도 어린 시절 무리를 지어 나쁜 행동을 하지 않았다는 사실을 알고 있는데도 말이다. 어른들의 불안은 자신들의 지배에서 벗어나 어른의 생각인 '사리에 맞는 생각'을 갖지 않을까 하는 데서 비롯될 것이다. 자기 자신의 어린 시절을 돌이켜 봐도 알 수 있지만, 사실 아이는 무척 신중하고 겁이 많아서 자기 자신을 위험에 빠뜨리는 일은 좀처럼 하지 않는다.

그러므로 이 조문에서 아이도 자유롭게 친구를 만들고 활동을 하도록 분명히 기록한 것은 의미가 매우 크다. 앞서 제14조 '사상/양심/종교의 자유'에서도 말한 것처럼 아이도 자신의 눈으로 보고 판단하며 생각하기 위해서는 많은 친구들과 어울리는 것이 무엇보다도 필요하다.

어린아이라도 자신에게 또래친구가 얼마나 필요한지를 잘 알고 있다. 아장아장 걷는 아이라도 또래의 아이를 계속 바라보거나 손을 뻗어 만지려고 하고, 그리고 서로 사귀려고 한다. 더욱이 갓난아기조차 다른 아기의 목소리나 모습에 두리번거리거나 손발을 버둥거리는 반응을 보인다. 들은 바에 의하면, 장애를 가져 방에서 나오지 않는 아이는 다른 아이들의 소리에 이끌려 언제나 창가에 기댄 채 친구를 원한다고 한다.

아이가 친구를 원하는 것은 자신이 살아가기 위해서 늘 함께할 사람이 필요하다는 사실을 무의식중에 느끼기 때문이다. 내 조카딸이 한때 유치원에서 사이좋게 지내는 친구와 함께 텔레비전에서 방영하는 만화영화 〈도라에몽〉을 보고 싶다고 고집을 부린 적이 있다. 조카딸은 "저녁 시간이니까 친구는 자기 집에서 텔레비전을 봐야 한다"라고 달래는 어머니에게 "이 친구 집에서는 〈도라에몽〉을 보지 못해요"라며 지지 않고 자기주장을 고집했다. 그냥 단순히 아이의 어리광이라고 치부해버릴 수도 있지만, 어떻게든지 좋아하는 만화영화를 친구와 함께 보고 싶다고 하는 아이의 생각 자체는 멋있었다. 같은 또래친구와 함께 지내고 행동하며 깊은 인연을 맺고 싶다는 강한 소망의 소중함을 이 조문에서는 인정하고 있는 것이다.

친구와 함께 있을 때 아이는 대부분 밝고 행복한 얼굴이다. 그때는 사실 부모가 아이에게 해줄 수 있는 것은 별로 없다. 하지만 마음이 끌리는 친구와 지내며 적어도 무엇인가 해나가는 것을 방해받지 않게 마음으로라도 응원해야 한다. 그것이 부모가 할 수 있는 일 가운데 하나가 아닌가 싶다.

아이들의 자긍심을 지켜주자

제16조 (사생활/통신/명예의 보호)

1.어떤 아이라도 사생활, 가족, 주거住居 또는 통신에 대해 자의적恣意的·불법적인 간섭을 받지 않으며 또한 명예와 신용에 불법적인 공격을 받지 않는다.

2. 아이는 이런 간섭과 공격에 대해 법률의 보호를 받을 권리가 있다.

'부모에게 숨기다니'라는 말은 아이를 비난하는 표현 중 하나다. 말하자면 나쁜 아이라는 뜻이다. 하지만 생각해보면 무서운 표현이라는 느낌이 든다. 만약 부모에게 뭐든지 보고하는 아이가 있다면 부모는 거꾸로 귀찮아지거나 갈수록 걱정만 태산일 것이다. 사실 부모는 아이가 적당히 했으면 하는 생각을 하고 있고, 아이도 그렇게 하고 있으니까 부모와 아이가 잘 지내고 있는 것이다.

이 조문에서는 아이의 사생활을 짓밟아서는 안 된다고 선언한다. 어른이 싫은 것은 아이도 싫은 것이다. 부모가 표현하는 것 중에는 의미를 알 수 없는 말이 하나 있다. "부모한테 무슨 말을 하는 거니?"라는 것이다. 이 말은 '부모가 그렇게 대단한 것인가'라고 반문해보면 금방이라도 이상하다는 점을 알 수 있다. 이러한 표현들은 단순히 부모란 이름의 어른에게 권위를 부여하기 위한 도구인 것이다. 이상하고 우스운 말이라도 부모에게는 편리하고 사용하기 좋은 반면 아이에게는 비판하기 힘든 말이기 때문에 계속 사용되는 것이다.

그런데 이런 말 중에 '부모만큼 훌륭한 사람은 없다'라는 표현은 아이를 지배하려는 경우에 사용된다. 이 말은 아이를 어른 마음대로 하고 싶은 지배욕에서 비롯된 것이다. 지배욕은 인간의 근원적인 욕구로서 그것만으로도 성가신 것이다. 사람의 기본적인 욕구 중에는 식욕이나 성욕, 수면욕 같은 생리적인 욕구가 있지만, 지배욕이라는 사회적인 욕구도 이들 욕구 못지않게 강하다. 강한 자가 약자를 복종시키려고 하는 것, 인간이 자연을 생각대로 바꾸려고 하는 것 등도 지배욕이다. 그중에서도 어른이 아이를 대하는 대부분의 것들이 지배욕이다.

인간은 누구라도 자신만의 비밀로 하고 싶은 것이 있고, 그것은 인간의 존엄과 깊은 관련이 있다. 그 존엄을 일방적으로 짓밟을 권리는 누구에게도 없다. 하지만 아이는 한 사람의 몫을 하지 못한다는 이유로 어른에게서 무례한 대우를 받고 있는 것이다.

아이의 편지를 무단으로 읽는 것, 아이의 책상이나 방을 훔쳐보거나 일기를 멋대로 읽는 것 등은 부모가 흔히 하는 일이다. 아이가 전화로 대화하고 있는데 부모가 몰래 엿듣는 경우도 있다. 그냥 넘기기에는 부모 자식 간이라도 예의 없는 일이다. 부모는 아이가 아직 한 사람의 몫을 못하기 때문에 잘못된 길을 가지 않도록 돌봐야 하는 책임이 있다고 항변할지도 모르겠다. 하지만 사실은 아이의 일을 전부 알고 손안에 넣고 싶다는 지배욕 때문이다. 물론 아이를 걱정하는 부모의 심정이 복잡하기 때문에 단순히 지배욕이라고 단정할 수는 없을 것이다.

하여간 부모는 아이에 대한 모든 것을 알고 싶어 한다. 소중한 사람에 대해서 알고 싶어 하는 것은 자연스러운 현상이다. 부모와 아이의 경우도 입장의 상하, 힘의 강약으로 알고 싶은 마음을 억제하기 쉽지 않다. 성적, 친구관계, 하루 일과 같은 아이의 학교생활까지도 묻는다면 아이도 '좀 봐줘요'라는 기분이 들 것이다. 요즘 아이가 '별로'라고 시큰둥하게 답한다고 어른이 성토하지만, 사실은 어른의 간섭에서 벗어나려는 아이의 지혜일지도 모른다.

지배욕망이라는 점에서 부모보다 더 노골적인 행동을 취하는 곳이 학교다. 아이와 부모가 부딪히는 문제에서는 아직 여지가 있지만, '아이에게 사생활이란 없다'라고 하는 학교의 경우는 정말로 문제가 심각하다. 아이의 가방을 검사한다거나 겉옷을 들쳐 속옷색깔까지 조사하는 행위는 정말 파렴치하다. '학생지도'라는 미명으로 정당한 직무로서 일상화된다면, 아이들이 학교에 맞서는 일은 사실상 어렵다.

그런 무례함 때문에 아이들은 어쩔 수 없이 감성을 죽이거나 자긍심을 잃어버린다. 그러다보니 부당한 처사에 항의하는 의지마저도 상실한다. 경찰이 죄인을 문초하는 것처럼 학교에서 그런 일이 행해져 왔다는 것에 의문을 갖는 교사도 있지만, 그것을 바꾸려는 의지가 없었기 때문에 지금까지 계속되었는지도 모르겠다.

개인적으로는 '아이들의 권리협약'을 계기로 학교 안에서 자행되는 이러한 '무례한 일들'이 없어지기를 바란다. 학교가 자발적으로 움직이지 않으면, 이제는 아이들 스스로 또는 부모들이 바꿔야 할 때이다.

정보화시대의 빛과 그림자

제17조 (적절한 정보 접근)

1. 협약을 맺은 나라는 대중매체가 행하는 중요한 기능을 인정하고, 아이가 다양한 국내적 · 국제적 정보원으로부터 정보와 자료, 특히 자기의 사회적 · 정신적 · 도덕적 복지와 심신의 건강 촉진을 목적으로 하는 정보와 자료에 접근하는 것을 보장한다. 이 목적을 위해 협약을 맺은 나라들은 다음의 것들을 행해야 한다.

(가) 대중매체가 아이에게 사회적 · 문화적으로 유익하고, 제29조의 정신과 일치하는 정보와 사료를 보급하도록 장려해야 한다.

(나) 다양한 문화적 · 국내적 · 국제적인 정보원으로부터 해당 정보와 자료의 제작, 교환과 보급을 위한 국제협력을 장려해야 한다.

(다) 아이용 도서의 제작과 보급을 장려해야 한다.

(라) 대중매체가 소수집단의 아이 또는 원주민 아이의 언어상 곤란에 특별히 관심을 기울이도록 장려해야 한다.

(마) 제13조와 제18조 조항에 유의하여 아이의 복지에 유해한 정보와 자료로부터 아이를 보호하기 위한 적절한 지침의 개발을 장려해야 한다.

좋든 싫든 대중매체가 우리를 둘러싼 시대다. 이 책을 쓰는 지금, 영국에서 세계 4대 그랜드 슬램 테니스 대회 중의

하나인 윔블던 선수대권회가 열리고 있다. 많은 사람들이 이 경기를 텔레비전으로 지켜본다. 그리고 아시아나 아프리카, 호주에서도 같은 영상을 본다. 전파는 지구를 하나로 만들었다. 지구 반대편에서 일어나는 일을 가만히 앉아서 실시간으로 볼 수 있으니 말이다.

이것을 '인류의 진보'라며 긍정적으로 보는 사람도 있다. 그런데 참으로 이상한 일이 벌어지고 있다. 그렇게 멀리 떨어진 곳의 일들은 알 수 있게 되었는데도 가까운 사람들과의 관계나 현실의 인연은 갈수록 소홀해지고 있다. 예를 들면, 같은 아파트에 사는 사람들과 교류를 하거나 최근에 이사 온 사람과 대화를 하는 경우를 찾아보기 힘들다. 그리고 이웃이 테니스를 좋아하는지 야구를 즐기는지도 잘 모른다. 갈수록 자기 주변 생활권에 소원해지는 것이 현대를 살아가는 우리의 모습이다. 예전에 생활권이라는 말도 이제는 사실 흐지부지되었다고 해도 과언이 아니다.

텔레비전에서 세계의 동물이나 생물, 지구 기행 같은 프로그램을 많이 소개하고 있어 아이들은 진귀한 동식물의 이름과 모습을 보고 배운다. 하지만 아이들이 텔레비전 화면에서 동물에 관한 지식을 얻고 식물도감이나 동물도감에서 이름을 익혀도 실제로 근처 공원에서 벌레를 관찰하고 있는지는 의문이다. 마찬가지로 진귀한 열대식물을 알고 있어도 길옆의 풀이나 꽃은 잘 모르고 있을 것이다.

한 대학생이 "잠자리의 다리가 몇 개인가?"라는 질문을 받았다. 그는 "잠자리한테 다리가 있던가?"라며 대답한 후 잠시 뒤에 "맞다. 곤충은 다리가 여섯 개네요"라고 했다는 이야기를 들은 적이 있다. 그 대학생은 실제로 잠자리를 만져보거나 살펴본 경험이 없기 때문에 깔쭉깔쭉하고 징그러운 다리의 이미지를 갖고 있지 않은 채 단지 지식과 정보로만 잠자리를 알았던 것이다. 이것이 우리의 현실이다. 정보나 기호, 영상 속에 떠밀려 살아가는 이러한 시대를 좋아하는 사람은 결코 많지 않을 것이다.

인간의 신체는 뭐라고 해도 살아 있는 하나의 생명체이다. 신체가 실재하는 사실을 부정하는 것은 불가능하다. 그런데 신체를 배신하며 살아가지 않으면 안 되는 문명의 현실이 우리를 둘러싸고 있고, 그리고 아이들은 그것에 그대로 노출되어 있다. 그러므로 아이가 살아가기 위한 자연스러운 환경을 손에 넣기 위한 권리는 실제로 지켜지지 않고 있다. 안전하고 평온하게 자랄 권리는 이미 뿌리 채 파괴되어버렸는지도 모른다.

하지만 이런 세상에 태어난 아이들의 운명만을 탓하고 있을 수는 없다. 왜냐면 아이들은 앞을 바라보며 살아가지 않으면 안 되기 때문이다. 정보화시대에 아이들은 정보에서 소외되지 않아야 한다. 즉 정보의 허와 실에 대해 제대로 알고, 필요한 정보와 정확한 지식을 얻고 친구와 소통하며, 어른과 함께할 미래를 그려나가지 않으면 안 되는 것이다.

이 협약에서는 아이들이 적절한 정보에 접근할 수 있도록 하는 권리를 선언한다. 정보화 사회에서 아이는 어른을 뛰어넘는 속도로 빠르게 정보기기를 습득하고 적응한다. 이 사실만 봐도 아이들이 정보교류를 통해 국경을 넘어 소수민족 사람들과 연결되어 지구의 모든 사람과 생명에 대해 생각하는 것을 북돋아 줄 필요가 있다. 그것을 이 조문에서는 명시하고 있다.

부모역할을 분담하다

제18조 (부모의 제1차적 양육책임과 국가의 지원)

1. 협약을 맺은 나라는 부모 쌍방이 아이의 양육과 발전에 대해 공동의 책임을 진다는 원칙의 승인을 확보하기 위해서 최선의 노력을 다한다. 부모 또는 경우에 따라서 법적보호자는 아이의 양육과 발달에 대한 제1차적 책임을 가진다. 아이의 최선의 이익이 부모 또는 법적보호자의 기본적 관심이 된다.
2. 이 협약에 규정된 권리의 보장과 촉진을 위해서 협약을 맺은 나라는 아이의 양육 책임을 다할 수 있도록 부모와 법적 보호자에게 적절한 지원을 제공하고, 아이를 돌보기 위한 기관과 시설, 그리고 서비스의 개발을 보장해야 한다.

아이에게 낳아준 부모가 절대적이라는 신앙이 강해지는 것은 다시 생각해볼 필요가 있다. 그것은 이미 제9조에서도 설명했다. 아이가 자신이 누구로부터 태어났는지를 아는 것은 물론 소중하다. 그리고 그것을 중요하게 여기면서 다른 어른들과 자유로운 관계를 폭넓게 만들어 그 인연을 이어나가는 것도 역시 중요하다. 만약 이런 생각이 공유된다면 아이나 부모도 제법 편하게 자신의 역할을 즐길 수 있을 것이다.

오래전 일본의 농촌에서는 아이의 친부모 이외에 많은 수

양부모를 두는 풍습이 있었다. 민속학자 오토우 유키는 이러한 형식적이고 다양한 부모 자식 관계를 일본 사회의 특색이라고 설명했다(오토우 유키大藤ゆき, 《아이의 민속학》). 임신 5개월에 순산을 기원하는 복대 축하(帯祝い, 오비 이와이)에서 복대를 주는 복대 부모(帯親, 오비 오야), 태어날 때 받아주는 부모(取上親, 토리아게 오야), 이름을 지어준 부모(名付け親, 나즈케 오야), 아이를 보살피는 지킴 부모(守り親, 마모리 오야), 그리고 아동기에 남자 아이에게 속옷을 보내는 속옷 부모(フンドシ親, 훈도시 오야), 여자 아이에게 허리띠를 주는 허리띠 부모(ユモジ親, 유모지 오야), 일하는 곳에서의 직업 부모(職親, 쇼쿠 오야), 결혼할 때 중매 부모(仲人親, 나코우도 오야) 등이다. 이처럼 한 아이와 인연을 맺고서 아이가 자라는 것을 많은 부모들이 지켜보는 것이다.

오토우는 마을에서 아이가 무사하게 살아가기 위해서는 많은 사람의 도움과 세세한 인간적인 연계가 필요하다는 생각 때문에 생긴 풍습이라고 설명한다. 즉 오랜 경험에서 생긴 삶의 지혜인 것이다. 이 관계는 일생 동안 지속되며 수양부모가 돌아가시면 아이는 장례식에서 반드시 자식의 도리를 다해야 한다. 요즘 단 하나뿐인 친부모와의 관계만으로 숨 막히는 아이들이나 아무런 사람 없이 외롭게 죽어가는 노인을 생각하면 이 풍습은 뭐라 설명할 수 없는 대단한 지혜가 아이의 주위를 둘러싸고 있는 것 같다. 이 지혜를 단순히 과거의 풍습이라고 묻어버릴 것이 아니라 어른과 아이 사이를 연결해주는 좋은 문화로 발전시켰으면 하는 바람이다.

부모와 자식이 모여 공동으로 보육을 하고 있는 한 어머니가 말했다.

"아이가 나 이외의 어른에게 살갑게 구는 것을 보면 좋기도 하고 섭섭하기도 하면서 마음이 복잡해요."

나뿐만 아니라 대부분의 부모들 역시 마찬가지다. 하지만 자신의 아이가 다른 누군가와 사이좋게 지내는 것은 좋은 일이자 즐거운 일이다. 나만의 아이라는 마음에서 아이가 많은 사람들과 관계를 만들어가는 것을 통해 안심이나 기쁨을 느끼는 것이다.

하지만 현대에서 아이가 많은 사람에게 사랑받으며 자라는 것은 어려운 일이다. 이 조문에서 말하는 것처럼 아이와 어른의 관계에서 부모의 역할이 핵심적일지라도 아이가 편안하게 살아가기 위해서는 주변 어른들과 역할을 분담해야 할 필요가 있는 것이다. 나는 그것이 아이의 삶의 권리 안에 있다고 생각한다.

이 조문에서는 부모가 양육을 책임져야 한다는 것뿐만 아니라 국가가 보육 서비스를 포함해서 부모들을 지원해야 한다고 말한다. 이것이야말로 정부 관계자가 반드시 읽어야 하는 부분이다.

일본은 국가적으로 제법 '부자'가 되었지만, 아이의 양육은 개인적인 책임으로 부모의 재산에 크게 의지하는 나라다. 어린이집부터 대학까지의 양육비용을 위해 맞벌이를 할 정도로 부모의 경제적 부담이 상당하다. 이렇게 부모의 부담이 무거울수록 '아이에게 많은 돈이 들어간다'라는 생각으로 '내 아이'라는 욕구와 부모의 이기주의가 강화되는 것이다. 그리고 아이에게는 부모의 경제적 부담으로 인해 고개를 들지 못하게 하는 구조를 만들고, 자신의 부모가 경제적으로 여유로웠으면 하는 이기심을 가지게 만든다.

아이가 사회에서 성장하기 위해서는 국가가 정책적인 인프라를 구축하는 것이 무엇보다도 중요하다. 다른 많은 선진국에서 시행하고 있는 것처럼 어린이집과 유치원, 중・고등학교를 공공비용으로 충당해야 한다. 물론 가능하면 대학도 마찬가지다. 조문의 제3항처럼 직장에 다니는 것과 상관없이 어떤 부모라도 어린이집을 이용할 수 있는 당연한 권리가 보장되어야 하는 것이다.

부모에게서 보호받을 권리

제19조 (부모에 의한 학대/방임/착취로부터 보호)

1. 협약을 맺은 나라는 부모와 법적 보호자 또는 아이를 양육하는 다른 사람에 의해 아이가 양육 받는 동안 어떠한 형태의 신체적 · 정신적 폭력, 침해와 학대, 유기와 태만한 대우, 성적 학대를 포함한 부당한 대우 또는 착취로부터 아이를 보호하기 위해 모든 적절한 입법적 · 행정적 · 사회적 · 교육적 조치를 취해야 한다.
2. 해당 보호 조치는 아이와 양육자에게 필요한 지원을 해주는 사회계획의 수립과 그 외 형태의 예방을 위한 효과적인 절차, 그리고 상기의 아이의 부당한 대우에 대해서 사건의 발견 · 보고 · 부탁 · 조사 · 조치 · 추적조사를 하고 적절한 경우에는 사법적 관여를 위한 효과적인 절차를 포함한다.

의지할 만한 사람이라고 여기던 부모에게서 버림받거나 위협을 받았을 때 아이는 심각한 상처를 입는다. 그런 경험은 아이가 살아가는 동안 하나의 트라우마가 된다. 자신을 누구도 원하지 않는다고 생각하며 살아갈 가치가 없다고 느끼는 것처럼 비참한 일은 없다. 이런 일이 절대로 일어나지 않아야 하지만 안타깝게도 종종 발생한다. 그것은 아이가 사회적으로나 신체적으로 약자의 위치에 있기 때문이다.

아이를 학대하는 부모는 자기 자신이 무엇인가에 압박받고 있고, 방치하는 부모 역시 자신의 생활을 유지하는 것이 힘든 경우가 대부분이다. 그렇다 보니 약자인 아이가 가까이 있으면 때리고 싶거나 아니면 어디론가 사라져버렸으면 하는 것이다. 부모도 인간이니까 어쩔 수 없는 상태에 빠질 수도 있다. 그럴 때는 아이가 강한 공포를 느끼기 때문에 부모와 아이만 있는 것을 무조건 피해야 한다.

지금은 옛날과 달리 부모가 각자의 집에서 아이를 양육한다. 젊은 엄마가 선배나 동년배 여자들에게 이래저래 훈수를 받거나 인간관계를 통해 간섭을 받던 것과 비교하면 확실히 편안하다. 전업주부가 많은 일본에서는 하루 종일 엄마 혼자서 아이를 상대하고 책임을 진다. 하지만 이런 환경은 대부분 아이의 학대나 방치와 연계되어 있다.

흔히 듣는 "아이만 없어도"라는 말은 아이의 학대나 방임 행위의 가능성이 저변에 깔려 있다. 엄마의 그러한 기분은 엄마가 현재 상태에 만족하지 못하거나, 남편이나 세상에서 버림받았다고 느끼는 데서부터 비롯되는 것이다. 그리고 사회로부터 단절된 고독감이나 아이가 자신의 생각대로 되지 않는 초조함 같은 감정 때문이다. 사람은 누구든지 목표나 보람을 갖고 살아가기를 원한다. 자기 자신의 목표를 갖기 어려운 상황에 놓여 있는 전업주부는 아이를 자신이 원하는 대로 지배하려고 한다. 남편에게 배신당했다고 생각하거나 자신의 인생에 실망할 경우에는 아이에게 더욱 기대를 한다.

하지만 경쟁을 조장하는 지금의 학교 분위기 속에서는 아이가 끊임없이 이기려는 목표를 가지는데 이때 잘못하면 부모와 아이가 위험한 관계로 발전할 수 있다. 어린아이의 학습 성과나 성적을 부모 자신의 목표처럼 여기면 아이는 부모의 의향에 따라 과민하게 반응한다. 또한 자신이 사랑받고 있는지 미움 받고 있는지를 부모에게서 확실하게 느낀다. 여기서 아이가 부모의 생각대로 되지 않을 때 체벌 같은 학대가 일어나는 것이다.

부모에 의한 아이의 학대 중 아이를 지속적으로 힘들게 하는 것은 성적性的 학대나. 아이가 다른 사람에게 쉽게 말할 수 있는 문제가 아니기 때문에 사실 잘 드러나지 않는다. 그러므로 성적 학대를 받은 아이가 고립된 채로 상처를 평생 끌어안고 가는 경우가 대부분이다.

이러한 문제를 해결하기 위해서는 국가적으로나 사회 전반적으로 해결책이 필요하다. 나는 개인적으로 심리상담소나 심리상담 전문가가 늘어나는 풍조를 바람직하게 여기지는 않는다. 왜냐하면 일상의 관계 속에서 서로 생각하고 함께 해결하는 우리의 회복탄력성을 없애버리면 안 된다고 생각하기 때문이다. 하지만 성적 학대에 대해서만은 생각이 다르다. 만약 피해를 입었다면 상대가 부모라고 하더라도 절대로 참아서는 안 된다. 그러므로 아이에게 누군가에게 말하도록 분명하게 가르쳐주어야 한다. 성적 학대는 부모에 의한 가장 비열한 행위다. 보살핌을 받고 있고 힘이 없는 존재라는 이유로 발생하는 이런 종류의 재앙을 막기 위해서는 모든 조치가 필요하다.

'불쌍한 아이들' 이란 생각의 위험성

제20조 (가정환경을 빼앗긴 아이들의 보호)

1. 일시적 혹은 지속적으로 가정환경을 빼앗긴 아이나 가정환경에 있는 것이 아이의 최선의 이익에 용인되지 않는 아이는 나라로부터 특별한 보호와 지원을 받을 권리가 있다.
2. 협약을 맺은 나라는 국내법에 따라 이런 아이를 위해 대체적代替的 양육을 확보해야 한다.
3. 해당 양육에는 특히 수양부모 위탁, 이슬람법의 카팔라kafala, 입양, 또는 필요한 경우에는 양육기관의 조치를 포함할 수 있다. 해결책을 검토할 때는 아이 양육의 지속성 보장이 바람직하다는 점과 아이의 민족적 · 종교적 · 문화적 · 언어적 배경에 대해 정당한 배려를 해야 한다.

부모나 집을 잃은 아이는 보호되어야만 한다. 아이가 주위 사람들의 힘으로부터 자신을 지킬 수 있는 것이 가장 좋겠지만 재해와 전쟁 같은 불행이 닥쳤을 때에는 많은 아이들의 긴급한 보호가 필요하기 때문이다. 이것은 국가의 의무다.

하지만 국가에 의한 아이의 보호는 여러 문제를 발생시킨다. 그 예로 걱정되었던 사건이 있었다. 1995년 봄에 일본 열도를 충격에 빠트린 옴 진리교에 관련된 아이들의 문제였다.[7] 텔레비전 화면에 비친 53명의 아이들이 경찰에게 인계되어 차례대로 호송차에 옮겨졌는데, 그중에는 손발을 버둥거리며 저항하는 아이도 보였다. 아이들은 일본의 아동복지법 제25조에 의해 아동보호소에 '보호'되었지만, '아이들의 의지는 어떻게 할 것인가'라는 문제가 신경 쓰였다.

아이들은 왜 지금까지 살던 장소에서 '보호'받으면 안 되는 것일까? 아이는 살고 있던 장소에서 나오고 싶었을까? 아마 그렇지는 않았을 것이다. 그 이유를 이 조문에서 찾아보면 아이들을 위한 최선의 이익에 따르려면 좋지 않은 환경에 두는 것이 용인되지 않기 때문이다.

하지만 문제는 아이를 위한 최선의 이익이란 무엇이며, 그것을 누가 정하는가 하는 것이다. 그것은 용인하지 않는다는 생각에 있다. 앞서 말한 사건으로 본다면, 종교집단의 집단 자살이 예측되기 때문일지도 모르겠다. 만약 그런 이유라면 충분히 납득할 수도 있다. 하지만 관계자가 아이의 연행을 지시한 이유는 '바람직하지 않은 환경'이었다. 구체적으로는 비위생, 불충분한 식생활, 그리고 무엇보다도 학교에 보내지 않은 것을 포함하는 사상과 종교상의 문제였다. '학교에 보내지 않아서 불쌍하다'라는 표현은 매체의 보도뿐만 아니라 주변 사람들에게도 종종 들었다.

여기서는 이 사건을 다루려고 하는 것이 아니다. 다만 짚고 넘어가야 할 부분은 '연행'을 뒷받침하는 '불쌍한 아이들'

---

7) 옴 진리교는 1984년 아사하라 쇼코가 설립해 종말론을 주장한 신흥종교 단체이다. -옮긴이.

이라는 여론에 대해서다. 그것은 이 조문의 제1항에 있는 '아이의 최선의 이익'에 관련된 큰 문제를 포함한다. 아이들을 왜 '불쌍하다'고 할까? 아마도 '보통이 아니다'라는 것 때문일 것이다. 평범한 식사를 하고 매일 목욕을 하며 학교에 다니는 것이 저 아이들의 강제 연행을 지지하고 있는 여론이었다. 물론 그리 간단하지는 않지만 묵과할 수 없는 문제가 포함되어 있다고 생각한다. 여론에서 '보통'이라고 하는 말은 어느 시대 어떤 사회에서도 존재하고 있었지만, 그것이 정답이라고 해서 무비판적으로 믿는 것은 위험하다.

보통이 아닌 것은 고쳐야만 한다는 생각은 이 협약이 제14조에서 말하는 사상・양심・종교의 자유 등에 배치되는 것이다. 이이가 가까운 어른의 생각에 강한 영향을 받아 자신의 환경을 받아들이며 적응해서 살아가는 것은 당연한 일이다. 그것은 타인이 뭐라고 하던 아이에게는 소중한 생활의 장소다. 억지로 아이들을 연행한 '힘'은 과연 그들을 납득시킬 수 있을까? 확실히 종교집단 속에서 부모와 함께 살아가는 아이의 인생은 보통의 삶과는 동떨어져 있다. 미래에는 어려움이 기다리고 있을지도 모르지만 아이가 그것을 어떻게 받아들이는지는 누구도 예측할 수 없다.

아이의 권리는 아이의 의지를 존중하는 것과 강하게 연관되어 있다. 누구도 아이가 자신이 살고 싶은 곳을 선택하지 못한다고는 생각하지 않는다. 그 의지는 중요한 의미를 갖고 있다. 그래서 나는 이 사건에서 아이의 연행이 절대로 단순하게 이루어졌다고 생각하지 않는다. 이 조문에서도 얼마나 커다란 모순이 숨어 있는지를 우리는 이 사건을 통해서 알 수 있다.

이 모순을 묵인하지 않고 개인의 존엄성과 국가의 의지라는 쉽지 않은 관계를 고민해나가지 않으면, 이 협약이 우리 사회에 등장한 의미를 찾아볼 수 없을 것이다. '보통이 아닌' 것, '불쌍하다'라고 생각하는 것, '고치는 것이 좋다'라고 생각하는 것 등이 실제로는 지나친 걱정이나 차별적 시각임을 눈치 챌 수 있어야 한다. 그렇게 하지 않는다면 소수자 편에 서 있는 사람이 간단히 부정되어 아이와 어른의 권리도 순식간에 사라질 것이기 때문이다.

내 아이란 의식과 입양

제21조 (입양)

입양 제도를 승인하거나 허용하는 협약을 맺은 나라는 아이의 최선의 이익이 최고의 고려사항을 확보하고 다음을 행해야 한다.

(가) 아이의 입양 권한이 있는 기관에서만 인가되는 것을 확보할 것. 해당 기관은 적용 가능한 법률과 절차에 따라 관련이 있고 신뢰 가능한 모든 정보에 기초하여 입양이 부모와 친족 및 법적보호자와 관련된 아이의 지위를 감안하여 허용되는 것을 결정한다. 그리고 헤당 입양의 관계자가 필요로 하는 협의에 기초하여, 입양에 대한 정보를 받은 뒤에 동의하는 것을 확보한다.

(나) 국제 입양은 아이가 수양부모나 양부모 가족의 수탁이 불가능하거나 어떠한 적절한 방법으로도 출신국에서 양육이 불가능한 경우에는 아이의 양육의 대체수단으로 고려될 수 있음을 인정할 것.

(다) 국제 입양된 아이는 국내 입양된 아이와 동등한 보호와 기준을 적용하는 것을 확보할 것.

(라) 국제 입양의 수탁 관계자에게 부당한 경제적 이득이 되지 않도록 모든 적절한 조치를 취할 것.

길고 읽기도 힘든 조문이다. 입양해서 기른다는 것에 친숙하지 않은 일본에서 입양에 대해 구구절절 말하고 있기 때문이다. 그래서 간단하게 해설을 덧붙인다.

먼저, 아이의 입양을 가볍게 해서는 안 된다. 국가가 공인하는 권위 있는 기관이 허가해야만 한다. 다음으로 양육자를 잃은 뒤 아이가 태어나고 자란 나라에서 양육할 사람이 없을 경우에는 다른 나라의 양부모와 결연, 즉 국제 입양을 인정한다. 그리고 그 아이를 국제 입양했다고 해서 차별을 받아서도 안 된다. 특히 양부모는 국제 입양을 통해서 절대로 부당한 돈벌이를 하지 않도록 해야 한다. 경우에 따라서는 입양에 관한 국가 간의 협약으로 이 조문의 목적을 강화하는 것이 가능하다.

이것이 주된 내용이다. 눈치 챘겠지만, 아이의 매매나 아이를 이용한 돈벌이 및 아이를 무책임하게 대우하는 것을 엄격히 금지하는 조문이기도 하다. 나중에 제35조의 '유괴/매매/거래의 방지'에서도 이야기하겠지만, 아이는 가장 약한 존재이기 때문에 이용당하거나 착취당하지 않도록 주의를 기울이지 않으면 안 된다. 아이 인권의 기초라고도 할 수 있다.

과거에는 아이가 노동력으로 매매되었던 적이 있어 내가 어렸을 때 어른들은 아이한테 '누가 잡아간다'라며 겁을 주었다. '어두워진 다음에도 밖에서 계속 놀고 있으면 나쁜 사람이 데리고 간다'거나 '계속 울고 있으면 나쁜 사람이 온다'라고 하는 것처럼 말이다. 그 당시에는 서커스단에 아이를 팔았다는 이야기도 있었고, 빈곤한 가정환경 탓에 소녀들이 남자들한테 팔려갔던 끔찍한 일도 적지 않았다.

입양이 일반적이지 않는 일본 사회에서 '아이'라고 하면 친자식을 의미한다. 하지만 그렇지 않은 나라도 있다. 이전에 독일에서 있을 때 세 명의 아이를 둔 젊은 부부의 집에 초대된 적이 있다. 아이들 중 가장 큰 여자 아이가 친자식이었고, 밑의 쌍둥이는 입양을 했다. 물론 아이들은 정말 친형제나 다름없었다. 입양에는 특별한 이유가 없었다. 독일뿐만 아니라 유럽에서 입양은 아주 자연스러운 일이다. 독일의 젊은 부부는 맞벌이지만, 쌍둥이가 조금 더 크면 어린아이를 또 입양할 계획이라고 했다.

일본에서는 '가족의식'이 사회를 지배하기 때문에 이런 풍습을 보기 쉽지 않다. '자신의 아이', '누구 집안의 아이' 등에 강하게 집착하는 일본을 비롯한 한국이나 중국 같은 아시아 나라들의 특징이다. 때문에 '내 아이'뿐이라는 폐단을 양산해 냈다. '같은 핏줄이다', '내 배 아파 낳은 아이', '집안의 대를 잇는다' 같은 의식에 사로잡혀 '입양'이나 '혼외자'에 대한 차별이 생겼고, 그것은 또한 여성의 억압과도 깊은 관련이 있다.

각 나라의 부모는 아이를 낳아 기르는 데 어떤 의미를 두고 있을까? 한 자료에 따르면 영국과 프랑스에서는 '아이 기르기는 즐거움'이, 태국에서는 '가문의 존속'이 1위로 나타났다. 일본에서는 '다음 사회를 짊어지는 세대를 만든다'라는 가식적인 대답이 1위였고, '가족의 결속을 강하게 한다'가 2위였다. 입양한 자식과 친자식을 구별하지 않는 유럽 사회는 아이를 기르는 것 자체가 즐겁다고 하는 양육관養育觀을 가지고 있다는 것을 알 수 있다.

난민에게 높은 일본의 벽

제22조 (난민 아이들의 보호/지원)

1. 협약을 맺은 나라는 난민의 지위를 얻으려고 하거나 적용 가능한 국제법 및 국내법과 절차에 따라 난민으로 보이는 아이가 부모나 다른 사람과의 동반 여부와 관계없이 이 협약과 자국이 협약을 맺은 나라로 되어 있는 다른 국제 인권 또는 인도주의 관련 문서에 규정된 적용 가능한 권리를 받기 위해서 적합한 보호와 인도적인 지원을 받을 수 있도록 적절한 조치를 취해야 한다.
2. 이 목적을 위해 협약을 맺은 나라는 적절하다고 인정되는 경우, 국제연맹과 다른 권한이 있는 정부 간 조직 또는 유엔과 협력 관계에 있는 비정부 조직이 이런 아이를 보호하고 지원하고, 가족과의 재회에 필요한 정보를 얻기 위해 난민 아이의 부모나 다른 가족구성원을 추적하는 데 기울이는 어떠한 노력에 대해서도 협력해야 한다. 부모나 다른 가족구성원을 찾는 것이 불가능한 경우 아이는 어떠한 이유에 의해 지속적 또는 일시적으로 가정환경을 빼앗긴 아이와 마찬가지로 이 협약에 규정된 바와 같은 보호를 받는다.

제21조의 입양 문제처럼 난민 문제도 일본 사회에 살고 있는 우리에게는 익숙하지 않은 것들 중 하나다. 세상에는 전쟁이나 내란, 박해, 기아나 재해, 경제적 빈곤 때문에 국

외로 탈출하지 않으면 안 되는 난민들이 증가하고 있다. 하지만 일본은 난민을 받아들이는 것에 대해서는 극도로 소극적인 나라로, 난민에 대한 일본의 폐쇄성에 대해서는 다른 나라들로부터 늘 지적을 당했다. 일본의 이런 태도에는 여러 가지 배경이 있다. 외국인에 대한 배타적 경계 의식도 그중 하나다. 제21조 입양에서 말한 '내 아이'라는 강한 '혈연'에 대한 집착 의식이 이민족에 대한 배타성과 연결되어 있기 때문이다.

물론 외국인에 대한 위화감과 경계심도 시대의 흐름 속에서 조금씩 변하고 있다. 바다에 둘러싸여 외국과 접촉이 제한되어 있던 일본도 정보망이나 교통망의 발달로 외국과 교류도 활발해졌다. 더욱이 난민 형태는 아니지만, 외국인 노동자가 증가하고 그 아이들도 지역 학교에서 생활하고 있다.

외국에서 온 아이에게 언어는 큰 부담이다. 우리 가족이 독일에서 살 때, 세 살이었던 아들은 익숙하지 않은 언어에 불안해했다. 언젠가 닭의 울음소리를 듣고서 마음이 놓였는지 "엄마, 지금 닭이 일본어로 울었어"라고 말했던 기억이 있다. 언어를 모르는 생활은 특히 아이에게는 불안한 것이다. 물론 아이들은 놀랄 정도로 빨리 언어를 습득하지만, 무엇보다 소중한 것은 잘 이루어진 교육보다도 가능한 한 또래 아이들과 함께 생활하는 것이다. 그리고 일본의 아이들도 다른 나라의 언어나 문화를 아이들과 교류하면서 알게 되고, 관심을 가질 기회가 주어지는 것이다. 여러 가지 형태로 일본에 이주하여 일본 사회에서 살기 시작한 외국 아이들이 아주 당연하게 학교나 지역에 녹아들어갈 때, 외국에 낯가림이 심한 폐쇄적인 일본 사회가 조금씩 변화해갈 것이다.

먼저, 아이들을 구분하지 않는 것부터

제23조 (장애아의 권리)

1. 협약을 맺은 나라는 정신적·신체적 장애를 가진 아이가 존엄을 확보하고 자립을 촉진하며, 지역사회의 적극적 참여를 권장하면서 인간다운 생활을 충분히 누려야 한다는 것을 인정해야 한다.
2. 협약을 맺은 나라는 장애아의 특별한 보살핌을 받을 권리를 인정하고, 아이와 양육책임자의 여건에 적합한 지원 신청에 기초해 지원 가능한 범위 내에서 아이의 환경과 부모와 양육책임자의 생활에 적합한 지원의 확충을 장려하고 확보해야 한다.
3. 장애아의 특별한 요구를 인정하고 제2항에 따라 확충된 지원은 부모와 아이 양육자의 재원을 고려하여 가능한 무상으로 제공되어야 한다. 그 지원은 장애아가 가능한 한 전면적인 사회 참여와 문화적·정신적·개인적 발달을 위해 교육, 훈련, 보험 서비스, 재활지원, 고용 준비, 그리고 휴양의 기회를 효과적으로 접근하고 이용할 수 있도록 해야 한다.
4. 협약을 맺은 나라는 국제협력의 정신에 입각해 장애아의 예방보건, 의학적·심리적·기능적 치료 분야에 대한 적절한 정보교환을 해야 한다. 이러한 정보교환은 협약을 맺은 나라가 해당 분야에서 그 대처능력과 기술을 향상시키고 경험을 확장시키기 위한 것으로 재활교육과 직업상의 서비스 방법에 관한 정보의 보급 및 이용이 포함된다. 이 점에 대해서는 개발도상국의 요구를 특별히 고려해야 한다.

장애를 가진 아이들이 지역에서 함께 살아가는 것은 당연하다. 학교는 그 지역에 사는 아이들이 모여서 공부하거나 놀거나 급식을 먹으면서 지내는 생활공간이다. 따라서 어떤 아이라도 그 지역에 사는 인연으로 같은 학교에 다니는 것은 아주 자연스러운 일이다. 휠체어를 타는 아이, 말을 하지 않는 아이, 산만한 아이, 운동을 좋아하는 아이, 혼자서 조용히 있고 싶은 아이 등 다양한 아이들이 모이는 곳이 지역학교다. 그런데 안타깝게도 일본의 학교는 '어떤 아이든 함께하는 장소'가 아니라 여전히 '승부를 위한 경쟁의 장소'로 머물러 있다는 사실이다.

1981년 '국제 장애자의 해'를 시작으로 유엔은 이후 10년 동안 장애자의 차별을 없애는 조치를 가맹국에게 요청했다. 일본 정부도 그 요청을 받아 협의를 위해 토론했다. 토론에서는 장애를 가진 아이를 다른 장소로 보내지 않고 '같은 학급에서' 함께해야 한다는 주장이 있었다. 하지만 문부성(우리나라의 교육부)은 다음의 이유를 들어 반대했다.

- 일반 아이들과 함께 공부하는 것이 어렵다.
- 점수나 기능 훈련 등의 특별 지도를 받을 수 없다.
- 담임교사가 장애를 가진 아이를 돌보는 것에 쫓겨, 일반 아이의 교육에 지장을 초래한다.
- 교사나 다른 아이의 부담이 증가한다.
- 장애인 경사로나 엘리베이터 등의 특별 시설이 필요하

기 때문에 많은 예산이 든다.

· 전문교사나 돌봄 교사를 두지 않으면 안 된다.
· 시각 · 청각 · 장애학교 등이 이미 있으므로 이중 투자다.
· 현행 특수교육제도와 학교교육제도의 근간이 흔들린다.

'어찌되었든, 어떤 아이든 함께한다는 방침은 취하고 싶지 않다'라는 문부성의 '입장'만을 강하게 표명했다. 즉 이 말은 '할 생각이 없다'라는 것이다. '장애를 가진 아이를 다른 장소로 쫓지 않고 어떤 아이든 함께'라는 생각과 마음만 있으면 얼마든지 해결할 수 있는 문제인데 장애를 가진 아이는 손이 많이 가서 귀찮기 때문에 다른 장소에 모아두려는 것이다.

국가가 같은 나라의 아이라고 하고서는 학교에서 아이를 기능적으로 구분해 나눈다면 '일반 아이'들도 숨을 죽일 수밖에 없다. 이처럼 장애를 가진 사람을 차별하고 배제하는 사회는 일반인에게도 살기 좋은 곳일 수 없는 것이다. 현재 학교를 둘러싼 아이들의 모습은 그런 현실을 잘 보여준다.

장애를 가진 텟짱이라는 초등학생의 부모인 하야시다 토오루林田徹와 마리코真理子가 한 달에 한 번씩 소개하는 〈길가의 풀みちくさ〉이라는 서신이 있다. 텟짱은 말을 잘하지 못하고 글자도 쓸 수 없으며, 두 살 때까지 걸을 수 없었고 운동도 서툴렀다. 하지만 그는 친구와 함께 일반학급에서 즐겁게 생활한다. '지역의 아이들과 같은 반, 같은 시간을

공유하는 것은 텟짱의 의지를 존중하는 것'이라는 생각으로 일반학급에 텟짱을 보낸 부모는 아이들 속에서 살아가는 텟짱의 모습을 소개하고 있다. 커다란 아이에게 놀림 받아 조금 위험한 텟짱, 친구에게 안긴 텟짱, 친구가 연날리기 하자고 텟짱을 꾀는 모습 등을 말이다. 텟짱의 부모는 '숨바꼭질도, 자전거 타기도, 나무에 오르기도, 그리고 공부도 모두와 똑같이 할 수 없지만 함께 있는 것만으로도 텟짱에게는 의미가 있다'라고 적었다.

학교 측은 문부성과 같은 핑계를 들어 "지금처럼 의무교육 9년 내내 지역의 일반학급에서 다닐 겁니까?"라며 부모를 몰아세우며 특수학급에 갈 것을 종용하고 있다. 텟짱의 부모는 학교의 질문에 대해 다음과 같이 대답했다.

① 학교: "학교생활과 자립이 늦는 것에 대해서 어떻게 생각합니까?"
부모: "학습이나 운동 면에서 전혀 따라가지 못하는 것은 말씀 그대로이며, 향후 그 차이는 점점 커질 것이라고 생각합니다."

② 학교: "장래 아이의 행복을 생각하면 인원이 적은 집단에서 교육받는 게 좋지 않겠습니까?"
부모: "부모라면 누구라도 자기 자식의 능력을 키워주고 싶죠. 우리도 그런 마음으로 이전에 장애아 통학시설에 3년을 다니게 했는데, 텟짱은 아이들이 많이 있

는 유치원에 마음이 뺏겨 울타리 틈에 손과 발을 넣고 울부짖었습니다. 텟짱이 부모가 바라는 훈련보다 아이들과 함께 생활하는 것을 더 바라고 있어 여섯 살 때 유치원에 다니도록 했습니다. 그 1년이 지난 3년보다도 텟짱한테 즐겁고 충실했다는 것을 텟짱의 표정이 우리에게 말하고 있었습니다."

③ 학교: "특수학급에 다니면 더 잘 자라지 않을까요?"
부모: "사람은 누구도 두 인생을 살 수 없듯이 일반학급과 장애아 학급 중 어디서 더 잘 자랄지는 아무도 모릅니다."

④ 학교: "이후 왕따 문제가 있을지도 모르는데요?"
부모: "그럴지도 모르지만 텟짱이 일반학급에 가지 않으면 졸업 후에는 텟짱이나 주변 사람들도 서로 사귀는 법을 배울 수가 없습니다."

⑤ 학교: "의무교육 9년간 내내 지역의 일반학급에 보낼 생각입니까?"
부모: "장애아 학급에서 텟짱을 더 잘 자라게 해줄지도 모르죠. 하지만 얻는 만큼 잃는 것도 있습니다. 지역의 교우관계를 지속시키는 것은 부모나 동생도 대신할 수 없어요. 학교를 왔다 갔다 하거나 학교생활만으로도 여러 아이들이 말을 걸어옵니다. 우리는 텟짱에게 이 관계를 소중하게 지켜주기 위해 지금처럼 그대로 일반학급을 다니겠습니다."

하야시다 씨 부부는 '텟짱이 아이들과 만남을 바라는 이상 부모로서 노력할 수밖에 없다'라고 결론을 내렸다.

이 조문은 4항으로 나눠져 있지만 전체적으로 일관된 주장은 장애아도 버림받지 않고 충분한 지원을 받으면서 사회참가가 가능하도록 도움을 주어야 한다는 것이다. 먼저 자립과 사회 참가, 일정 수준이 확보된 생활에서 특별한 보살핌이나 지원을 받을 권리, 즉 교육이나 훈련의 서비스를 충실하게 해야 하는 것, 추가로 장애아의 예방적 치료적인 방법에 관한 정보의 제공과 접근 등이 장애아의 권리라고 강조한다.

그런데 내 생각으로는 아쉽게도 꼭 필요한 것이 하나 빠져 있다. 그것은 텟짱 부모의 바람처럼 장애아를 다른 곳으로 나누지 않는다는 것이다. 텟짱의 경우에서도 분명했지만, 지금 일본의 교육정책은 '장애아에게 정중한 지도'를 하는 것이다.

말은 그럴듯하지만, 사실은 장애아를 일반 아이들이 있는 집단에서 분리하여 특별한 교육을 하겠다는 것이다. 이는 장애아를 배제하는 생각과 이어져 있기 때문에 텟짱의 부모처럼 많은 장애아와 부모들은 이 같은 차별과 끊임없이 싸웠던 것이다. '어떤 아이도 지역의 학교에', '아이가 있을 장소를 나누지 말라'는 주장은 얼핏 보면 장애아를 위한 사려깊은 친절로 보이지만, 사실은 일반학급의 '효율적인' 학습, 즉 장애아를 뺀 '능률적인' 사회를 지지하는 기능을 한다는 사실을 꿰뚫어봐야 한다.

이 조문에서 걱정하는 것은 장애아를 차별하는 사회를 만들지는 않을까 하는 점이다. 다양한 사람들이 함께 생활하는 세상, 지도나 치료의 이름으로 장애아가 누리지 못하는 권리의 소중함을 새로 찾아야 할 때가 아닌가 싶다.

지구의 건강, 아이들의 안전

제24조 (건강/의료에 관한 권리)

1. 협약을 맺은 나라는 도달 가능한 최고 수준의 건강을 누리고, 개별적 치료와 재활을 위한 편의의 권리를 인정한다. 협약을 맺은 나라는 어떠한 아이도 해당 보건 서비스에 접근할 권리를 빼앗기지 않을 것을 확보하도록 노력해야 한다.

2. 협약을 맺은 나라는 이 권리의 완전한 실시를 추구하고, 특히 다음의 적절한 조치를 취해야 한다.

(가) 유아와 아이의 사망률을 줄일 것.

(나) 기초 보건의 발전에 중점을 두고, 모든 아이에 대해 필요한 의료상의 지원과 보건을 제공할 방법을 확보할 것.

(다) 환경오염의 위험을 고려하면서 즉시 이용 가능한 기술을 적용하여 충분한 영양가가 있는 식사와 청결한 음료수를 공급함으로써 기초 보건의 틀 속에서 질병과 영양불량과 싸울 것.

(라) 산모를 위해 출산 전후의 적절한 보건을 확보할 것.

(마) 모든 사회 구성원, 특히 부모와 아이가 아이의 건강과 영양, 모유 육아의 이점, 위생과 환경위생, 그리고 사고 예방에 관한 기초 지식의 활용에 있어서 정보 제공과 교육 지원을 확보할 것.

(바) 예방 보건, 부모를 위한 지도, 그리고 가족계획의 교육과 서비스를 발전시킬 것.

3. 협약을 맺은 나라는 아이의 건강에 유해한 전통관습을 폐지하기 위해 모든 효과적이고 적절한 조치를 취해야 한다.

4. 협약을 맺은 나라는 이 조항이 인정하는 권리의 완전한 실현을 점진적으로 달성하기 위해 국제협력을 촉진하고 장려해야 한다. 이 점에 대해서는 개발도상국의 요구를 특별히 고려해야 한다.

아이한테 열이 나거나 아프다고 울거나 다쳤을 때 부모의 가슴은 철렁한다. 아이가 20대가 된 지금도 나는 그때의 기억을 잊지 못한다. 아이가 건강했으면 하는 부모의 바람은 아이의 목숨과 직결된 것이다. 하지만 의료기술이 고도화된 형태로 발전하고 있는 지금, 우리는 생명과 의료기술에 대한 새로운 문제를 안고 있다. 그것은 의료 분야가 지나치게 세분화되어 인간의 생명이나 건강, 그리고 죽음에 관한 모든 지식이나 감수성까지를 침해한다는 것이다.

부모는 아이를 양육할 때 이 문제를 여러 가지 이유로 접한다. 내가 맨 처음 의료문제를 걱정한 것은 생후 1년 정도 지난 갓난아이가 처음 열이 났을 때였다. 아이가 아픈 기운이 있어 처방받은 약을 먹였는데, 아이가 너무나도 오랫동안 잠들어버린 것이었다. 하루 종일 자는 아이가 걱정이 되어 병원에 전화를 걸었더니 너무나도 쉽게 "잘 자는 건 좋은 거잖아요"라고 하는 것이었다. 하지만 나는 처방된 약의 양이 너무 많았다는 사실을 금방 알았다. 그것을 계기로 아이의 건강을 의료기술에 완전히 맡겨둘 수만은 없다고 생각했다.

예방주사와 관련해서도 아픈 경험이 있다. 아들이 홍역 예방접종을 받았는데, 세 살 때 감염되어 '이종異種 홍역'에 걸렸던 것이다. 아들은 고열이 떨어지지 않아 위험한 상태로 입원해서 괴질환자 취급을 받으며, 스테로이드 계통 호르몬을 대량 투여해 목숨을 건졌다. 아이의 신체와 건강에 관심을 가지고 있는 부모의 눈에는 그것이 예방주사에 의한 생체반응으로밖에 보이지 않았다.

또 한 번은 입학한 뒤 학교에서 독감 예방접종으로 다른 아이가 3일간 고열로 고생한 일이 있었다. 그 일로 우리 부부의 예방접종에 대한 생각이 변했다. 당시는 현재와 달라서 독감 예방접종은 희망하는 아이만 하는 것이 아니라 전체가 한꺼번에 접종을 했다. 그럴 때마다 우리는 '감기에 걸렸으니 접종을 연기해주세요'라는 편지를 보내는 자구책을 강구할 수밖에 없었다. 예방접종을 희망하는 아이만 받을 수 있도록 바뀐 것은 많은 아이들이 사고로 희생당한 뒤 10년이 지나서였다.

의료기술이 부족하거나 전염병과 영양실조 등으로 아이가 죽어가는 일은 없어야 한다. 하지만 그러한 '진보'를 추구한 결과로 다양한 문제들이 발생할 수 있다. 예를 들면 뇌사나 장기이식 문제는 장기를 제공하는 측과 이식받는 측의 차별적인 구도를 만들어 인간의 생명을 두고 가격을 흥정하는 일이 발생할 수 있다. 그것은 곧 인간의 존엄이나 인권을 모독하는 일인 것이다.

생명, 의료, 보건 등의 주제는 빈부의 격차, 기술개발 문제와 연결되어 있고, 그 속에서 사람의 몸을 실험하는 문제도 발생한다. 예를 들어 시험관 아기나 대리모 등의 생식기술 같은 것들이다. 자신의 신체를 연구 재료로 제공하는 사람들은 대부분 개발도상국의 여성이라고 한다(리타 아루딧티リタアルディッティ, 《시험관 속의 여자試験管の中の女》 참조).

그러고 보면 1980년대 일본에서 제3세계에 분유 수출이 활발했던 것이 생각난다. 그 이유는 모유 수유율의 상승으로 국내의 소비량이 더 이상 늘어나지 않았기 때문이다. 분유를 수입한 나라에서는 열약한 환경 속에서 깨끗하지 않은 물을 이용해 분유를 탔고, 그 분유를 먹은 어린아이가 병들거나 사망하는 일이 빈번했다. 이러한 분유 문제가 동남아시아 어린아이들의 건강 권리를 위협하여 많은 생명을 빼앗은 것은 잘 알려져 있지 않은 사실이다.

치료라는 이름의 구속

제25조 (의료시설 등에 조치된 아이들의 정기적 심사)

협약을 맺은 나라는 신체적·정신적인 건강상의 보살핌, 보호 또는 치료를 위해 권한 있는 기관에서 치료를 받고 있는 아이가 자기에게 행해지는 치료와 조치에 관한 다른 모든 상황에 대해 정기적으로 심사받을 권리가 있다는 것을 인정해야 한다.

집이나 학교에서 떨어져 나와 병원이나 격리시설 등에서 생활하는 아이들은 상처를 받을 가능성이 있다. 익숙한 장소에서 강제로 떨어지게 된 것에 대한 심리적 위축이 이미 있는데다가 새로운 장소에서 상처를 받을 수도 있기 때문이다. 그러므로 아이들에게 자신이 받은 '조치'에 대해 충분한 설명을 듣고 이야기할 기회가 주어져야 한다.

일본 사회에서 지금 문제가 되는 것은 아이와 부모의 관계가 틀어져서 부모가 아이를 '치료시설'에 보내는 경우다.

부모는 아이가 학교에 가지 않거나 방에서 나오지 않으면 주변에 상담할 사람도 없고 걱정되는 마음에 '치료시설'에 보낸다. 하지만 아이는 고장 나면 수리되어 돌아오는 기계가 아니다. 오히려 아이는 부모에게 버림받았다는 생각으로 현실을 더 강하게 부정하게 되고, 치료시설의 보살핌에 따라 상처가 더 심해지기도 한다. 그리고 '치료시설'이라는 이유 때문에 자존감이 낮아지는 경우도 있다.

한편 아이 스스로 목숨을 끊는 비극적인 일도 있었다. 예를 들면 1991년에 발생한 '카제노코 학원風の子學園 사건'이다. 히로시마 현에 있는 카제노코 학원은 등교를 거부하는 학생들을 위한 민간 치료시설이다. 무더운 여름날 이 학원에서는 두 명의 아이가 학원의 규정을 어겼다는 이유로 컨테이너 안에 가두는 벌을 주었다. 그런데 더운 날 밀폐된 컨테이너의 온도가 점점 올라가서 두 아이는 탈수증상을 일으켰고, 결국 생명까지 잃었다. 사건이 발생한 지 1년 뒤 아이를 추도하기 위해 열린 시민집회에서는 다음과 같이 호소했다.

"여러 가지 어려움으로 힘들어 하는 아이들을 애물단지로 여겨 사회에서 배제시켜 어딘가 먼 곳에 보내면 된다는 발상은 절대로 용서할 수 없습니다."

"아이들은 아이답게 살기 위해 태어났으므로 어른들이 내던져 준 '현실'을 변화시킬 용기와 희망을 갖지 않으면 안 됩니다."

"아이들을 우리 사회에서부터 배제하는 것이 아니라, 우리는 아이들이 지금 살고 있는 가정이나 학교, 지역사회 속에서 살아가는 것을 응원해야 합니다."

'치료를 목적으로 한 시설'이라는 미명하에서 살해된 두 생명으로 인해 학교에 가지 않는 아이나 부모를 중심으로 시민의 목소리가 퍼져나갔다. 하지만 이 사건이 시작은 아니었다.

1980년 전후 수년간 토츠카 요트스쿨이라는 시설에서 '체벌도 교육'이라는 방침으로 다섯 명의 젊은이가 죽거나 바다에서 행방불명되었다. 요트스쿨 관계자들은 기소되어 1992년 7월 나고야 지방법원에서 판결을 받았지만 선고형량은 너무나도 가벼웠다. 피고인 중에서 가장 무거운 형을 받은 토츠카 히로시 교장조차 징역 3년에 집행유예 3년이었다. 판결은 한마디로 "정서 장애아를 치료 및 교육하는 목적을 가지고 행해진 체벌이므로 그 정당성이 대체로 인정된다"라는 것이었다. 그 속에는 부모나 학교와의 관계에서 힘들어도 힘들다는 표현을 하지 않거나 억지를 부리던 아이들의 아픔에 대한 이해가 전혀 없었다. 오히려 부적응 상황으로 내몰려 시설에 격리된 채 죽어간 아이들의 죽음에 대해서 어쩔 수 없었다는 식으로 몰아갔다.

불안한 아이들을 치료시설에 보내기만 하고 약자인 아이들의 목소리를 듣는 자세를 가지지 않는다면, 이 조문의 정기적 심사는 아이들을 지키는 힘이 되지 못할 것이다. 사실 인권은 그냥 기다리고 있으면 위에서 뚝 떨어지는 것이 아니라 짓밟히는 가운데서 얻어내는 것이다. 치료시설에 보내진 아이들의 문제도 어른들이 간접적으로 경험하게 하는 것이다. 국가의 심사에 맡기는 것이 아니라 우리 자신의 문제로 인식하고 목소리를 내야 한다. 그렇지 않으면 아이들의 죽음을 부질없게 할 것이다.

국가가 아이의 입장에서 심사할 때 이 조문은 의미를 갖겠지만, 실제로는 아이의 불행이나 비극은 언제라도 일어날 수 있다. 그러므로 전문성이나 공적 기관의 '권위'에 맹목적으로 의존하기보다는 앞의 사건을 거울삼아 부모들은 사회적인 문제에 적극적으로 관심을 기울이고 참여해야 할 것이다.

지켜지는 권리, 일하는 권리

제26조 (사회보장의 권리)

1. 협약을 맺은 나라는 모든 아이들이 사회보험을 포함한 사회보장을 받을 권리를 인정하고, 국내법에 따라 이 권리의 완전한 실행을 달성하기 위해 필요한 조치를 취해야 한다.
2. 이러한 혜택은 아이 및 부양책임자의 경제력과 상황은 물론 아이에게 직접 또는 아이를 대신해 지급되는 혜택의 신청과 관련된 다른 모든 사정을 고려하면서 실행해야 한다.

제27조 (생활수준의 권리)

1. 협약을 맺은 나라는 모든 아이가 신체적 · 심리적 · 정신적 · 도덕적 · 사회적 발달을 위해서 충분한 생활수준을 누릴 권리가 있음을 인정해야 한다.
2. 양부모 또는 아이를 책임지는 다른 사람은 자신의 능력과 경제력의 범위에서 아이의 발달에 필요한 생활 조건을 확보할 1차적 책임을 진다.
3. 협약을 맺은 나라는 국내 환경의 재원 안에서 부모와 아이의 책임을 지는 다른 사람이 권리를 실행하도록 지원하기 위한 적절한 조치를 취하고, 필요한 경우에는 특히 영양, 의복, 그리고 주거에 관한 물적 지원과 지원 계획을 제공해야 한다.

4. 협약을 맺은 나라는 국내외에 거주하는 부모 또는 아이의 재정적인 책임을 지는 다른 사람으로부터 아이의 양육비를 원래대로 확보하기 위해 모든 적절한 조치를 취해야 한다. 특히, 아이의 재정적인 책임을 지는 사람이 아이와 다른 나라에 거주하는 경우 협약을 맺은 나라는 국제협정에 가입 또는 협약 체결은 물론, 다른 적절한 약속을 작성하는 조치를 촉진해야 한다.

돈과 관련해서도 아이는 완전히 어른에게 의존한다. '아이들의 권리협약'에서는 아이도 하나의 인간이자 자신의 의견을 말할 수 있는 주체로 인정한다. 하지만 실제 생활에서 부모들은 "아직 부모한테 의지하고 있으니 한 사람 몫을 할 수 있을 때 의견을 말해라"고 말한다. 어른이 말하는 '한 사람 몫'이란 실제로 자신을 보살필 수 있는 수입을 얻는 것이다.

아이는 어른에 의해 혹사당하거나 착취당하지 않기 위해 일본에서는 노동기준법에 의해 보호받는다. 노동기준법 제56조에는 "만 15세가 되지 않은 아동은 노동자로 고용해서는 안 된다"라고 명시하고 있다.[8] 나중에 언급하겠지만 개인적으로는 아이의 체격에 맞게 조금씩 일을 하는 것도 괜찮다고 생각한다. 물론 어른의 환경 때문에 억지로 노동을

8) 우리나라는 근로기준법 제64조에 "15세 미만인 자(초·중등교육법에 따라 중학교에 재학 중인 18세 미만인 자를 포함한다)는 근로자로 고용하지 못한다. 다만, 대통령령으로 정하는 기준에 따라 고용노동부장관이 발급한 취직인허증을 지닌 자는 근로자로 사용할 수 있다"라고 규정했다.-옮긴이.

시키지 않도록 지켜주는 것이 우선되어야 한다.

이 협약과 조문의 정신을 살리기 위해서는 생활보호법 같은 어른을 위한 공적 제도뿐만 아니라, 아이의 생활비 같은 경제적 안정도 충분히 보장되어야 한다. 즉 아이와 어른을 따지지 않더라도 사회안정보장제도를 통해 사람은 누구나 안심하고 살아갈 수 있도록 보호받을 필요가 있는 것이다.

하지만 아이가 '한 사람 몫'을 할 때까지 보호되고 어른에 의존하는 사회구도는 어딘가 부자연스럽다고 생각한다. 아이가 해야 할 일은 학교에서 공부하는 것이라는 사실은 의심할 여지가 없다. 하지만 그것을 충실히 한다고 해서 반드시 행복해진다고는 생각하지 않는다.

우연히 사진가 비야넬 타미코ビヤネール 多美子의 《필리핀 어부의 아이 앨버트フィリピン－漁師の子ェバーと》라는 화보집을 접한 적이 있다. 열두 살의 앨버트는 여덟 살 때부터 아버지와 함께 고기잡이하느라 학교도 못 갔다. 앨버트의 말을 살펴보자.

"바닷고기처럼 민물고기는 잡기 힘들어요. 이웃한테 부탁받아 가끔씩 근처에 있는 강으로 게나 새우를 잡으러 가는데 허리까지 물에 잠겨요. 저녁 5시에 나가서 새벽 2시까지 잠도 못 자고 일해요. 가끔 4시일 때도 있어요. 민물고기로 돈을 많이 벌 수 있고, 그 돈으로 과자나 비스킷을 살 수 있어요."

앨버트는 일해서 받은 돈 전부를 어머니에게 준다. 어머니는 그 돈으로 앨버트에 용돈을 주고 쌀도 산다고 한다.

어쩌면 이를 두고 불쌍한 필리핀 아이라고 생각할지 모른다. 하지만 나는 아이의 생활이 자연스러워 보인다. 자신감과 긍지가 엿보이는 앨버트의 미소가 그런 인상을 강하게 준다. 일본의 아이는 세상의 현실과 동떨어진 채 15년 아니면 그 이상을 '학교'라는 틀 속에서 공부만 하며 살아간다. 보호되고 주어진 생활만을 하는 아이는 땅에 발을 딛고 살아가는 자신감과 긍지를 빼앗긴 것이다.

어떤 곳에서 '어른에게 하고 싶은 말'이라는 주제로 질문을 받았다. 초등학교 2학년인 유카는 "어째서 어른은 일을 하고, 아이는 일을 하면 안 되는 걸까?"라고 적었고, 4학년인 치즈루는 "어른은 일을 할 수 있기 때문에 좋아. 나도 일을 해서 돈을 벌고 싶다"라고 했다. 와타루 군은 "왜 열여섯 살부터 일하는 걸까?"라고 질문했다.

이것을 단순히 아이가 극성맞다고 하기 전에 '이 물음에 어른은 어떻게 답할까?'라고 생각해보았다. 어른이 되면 필요할 것이라는 이유로 아이에게 계속해서 '거짓' 공부를 시켰지만, 실은 긴 학교생활이 아이를 속박하고 비교하기 위한 것임을 아이는 체감한다. 그래서 아이는 '거짓'이 아닌 '진실'을 배우고 싶고, 자신의 몸으로 보고 느끼며 생각하고 싶어 할 것이다.

내 큰아이는 초등학교 때부터 일하고 싶어 했다. 동급생인 한 친구와 함께 신문배달을 하는 데 관심이 있었다. 그래서 중학교 2학년 여름방학 때 할아버지 목장에서 새벽 4시에 일어나 마구간 청소를 하는 아르바이트를 처음으로 경험하게 했다. 그때 받은 돈을 책상 위의 작은 핑크색 캔에 '내가 처음 일해서 번 돈, 쓰지 마!'라고 적어놓고는 계속 보관했다. 고등학교 겨울방학 때는 호텔 주방에서 요리사 보조를 하며 낮은 보수로 꽤 혹사당한 모양이었지만, 그 또한 신선한 체험이었던 것 같다. 일한다는 현실을 체험하고 요리사들한테 여러 이야기를 들으면서 많은 것을 생각하게 되었다고 했다. 이런 체험은 아이의 시야와 세계를 새롭고 넓혀주었을 것이다.

반복해서 강조하지만 아이는 약자이기 때문에 반드시 지켜주어야 한다. 무엇보다 안전하게 살아가는 기반이야말로 아이의 권리이다. 그것을 이 조문에서는 엄숙하게 적고 있다. 하지만 지켜주는 것만으로 사람은 만족하지 않는다. 그러므로 아이가 '해보고 싶다'라고 하는 것은 당연하다. 긴 학교생활을 하는 동안 조금씩 노동 체험을 하면서 자신도 이 사회의 일원이라고 실감할 수 있는 그런 가능성이 아이의 세계에 열려 있다면 아이의 표정도 변해갈 것이라고 믿는다.

교육의 권리, 교육으로부터의 자유

제28조 (교육의 권리)

1. 협약을 맺은 나라는 아이의 교육의 권리를 인정하고, 점진적이고 평등한 기회에 기초하여 이 권리를 달성하기 위해 특히 다음 사항들을 준수해야 한다.

(가) 초등교육을 의무적으로 하고, 모든 사람에게 무상으로 제공할 것.

(나) 일반교육과 직업교육을 포함한 여러 형태의 중등교육의 발전을 장려하고, 모든 아이가 이용 가능하고 접근할 수 있도록 하며, 무상교육의 도입과 필요한 경우 재정적 지원 등의 적절한 조치를 취할 것.

(다) 고등교육은 능력에 기초하여 모든 사람이 접근 가능하도록 모든 적절한 조치를 취할 것.

(라) 교육 및 직업에 관한 정보와 배움을 모든 아이가 이용 가능하고 접근 가능하도록 할 것.

(마) 학교에 정기적인 출석과 중도 퇴학률의 감소를 위한 조치를 취할 것.

2. 협약을 맺은 나라는 학교의 징계懲戒가 아이의 인간적 존엄과 일치하고 이 협약에 따라 행해질 것을 확보하기 위해 모든 적절한 조치를 취해야 한다.

3. 협약을 맺은 나라는 인류의 무지와 문맹의 퇴치에 이바지하고

과학적·기술적 지식과 최신 교육방법에 접근을 장려하기 위하여 교육에 관한 문제에 대해 국제협력을 촉진하고 장려해야 한다. 이 점에 대해서는 개발도상국의 요구를 특히 고려해야 한다.

'교육이란 무엇인가' 하는 토론이 활발하다. '교육 공해公害'라는 표현까지 있을 정도다. 일본은 높은 교육열로 확실히 교육의 '수준'은 높아졌지만, 교육이 무조건 좋은 것이라는 생각에는 논쟁거리가 있다. 아이를 가르치며 이끌고 키우려는 어른의 지나친 열의가 지금의 아이를 숨 막히게 하고 있기 때문이다. 이 문제에 대해서는 제29조와 함께 나중에 살펴보기로 하고, 먼저 이 조문의 주된 내용을 정리해보자.

먼저 초등교육을 무상으로 누구라도 받아야 한다는 것, 그리고 중등교육도 모두가 받을 수 있도록 국가가 노력해야 한다는 것, 고등교육은 모든 사람이 능력에 기초하여 받을 기회를 가질 수 있도록 해야 한다는 것, 결석이나 중퇴를 없애려고 노력하는 것, 또 아이의 존엄성에 상처 입히는 벌을 학교에서 주어서는 안 된다는 것, 자국뿐만 아니라 교육을 받을 수 없는 아이가 많은 개발도상국의 환경도 생각하면서 국제협력을 진행해나가야 한다는 것. 이 조문에서는 교육을 받을 기회의 평등을 목표로 하고 있다. 태어난 집이나 국가의 차이로 아이가 세상을 알아가고 자신의 생각을 가지는 데 대한 차별이 있어서는 안 된다. 사실 이 문제는 부의 불평등에서부터 시작된다. 즉 부의 치우침에 대해 생각해야만 해결되는 문제인 것이다.

지구상 모든 아이의 평등을 목표로 한다는 점은 높이 평가할 만하지만 문제는 교육의 기회 균등을 어떻게 생각할 것인가이다. 국가의 학교교육은 그 시기에 국가의 정치를 지배하는 힘의 영향을 받는다. 교육은 최대의 사상思想을 형성하는 수단이므로, 국가는 교육을 받는 것에 대해 '의무'라는 표현을 사용하려고 한다. 하지만 교육을 이용하는 국민 측면에서 보면 이것은 '권리'여야 한다. 따라서 우리는 이를 확실히 해둘 필요가 있다. 국가 측면에서 봤을 때 교육을 준비할 의무가 있는데도 아이 측면에서 받을 의무가 있다고 하는 것은 옳지 않기 때문이다.

아이의 권리에 대해 말하고 있는 이 협약이 교육의 권리에 대해서도 한결같기를 바라지만, 혼란스러운 표현이 하나 있다. '초등교육을 의무적으로 하고'라는 부분이다. 초등교육을 무상으로 준비하는 것을 '국가의 의무'로 표현하는 것에 대해서는 설명을 보충하지 않으면 안 된다.

내가 이렇게까지 민감하게 반응하는 이유는 '의무교육'이라는 말이 부모와 아이를 부자유스럽게 옭아매기 때문이다. 여기에는 '위에서 정한 것에 따라'라는 종속 의식이 잠재되어 있다. '학교=위에서'라는 의식이 얼마나 학교를 타락시켜 왔을까? 힘들어서 학교에 가지 못 하는 아이들, 학교에 가고 싶지 않다는 생각을 하는 아이들이 '학교에 가는 것이 아이의 의무'라는 것에 고통을 받았을 것이다.

그런데 그 원인도 이 조문에 드러나 있다. '학교에 정기적인 출석과 중도 퇴학률의 감소를 위한 조치를 취할 것'이라는 조문을 '등교 의무'로 받아들일 위험성이 있다. 이를 권리의 문맥으로 해석하면, 즉 '아이들이 매일 자발적으로 등교하고, 또 그만두지 않아도 좋은 학교를 가질 권리', 그리고 '아이의 의지에 반해서 결석이나 퇴학이 강요되지 않을 권리'일 것이다.

교육의 '의무'라는 말은 일본 법률에서 다음과 같이 규정한다. 헌법 제26조 제2항에서는 "모든 국민은 법률에서 정하는 것에 의해 그 보호하는 자녀가 보통교육을 받게 할 책임을 진다"라고 하고, 학교교육법 제22조에서는 '취학의무'로서 "보호자는 …… 취학시킬 의무를 갖는다"라고 되어 있다. 두 조항 모두 보호자의 의무에 대한 것이지만, 내용적으로는 아이가 학교에 갈 권리를 보호하는 의무를 가리키는 말이다.

아이 자신도 의지가 있다. 부모는 아이에게서 교육의 기회를 빼앗거나 또래의 집단으로부터 아이를 격리해서는 안 되지만, 학교에 다니는 것은 아이 자신이기 때문에 학교에서도 등교를 강제할 수 없다. 따라서 아이는 자신이 있을 학교에 대해서 지속적으로 희망을 말할 수 있어야 하며, 교사나 교장의 입장에 있는 어른들과도 지속적으로 말할 수 있어야 한다. 그것이 이 협약의 정신을 가장 잘 살리는 자세일 것이다.

가르치려고 하는 어른들

제29조 (교육의 목적)

1. 협약을 맺은 나라는 아이의 교육이 다음 목적으로 행해지는 것에 동의해야 한다.

(가) 아이의 인격과 재능 및 정신적·신체적 기능을 최대한 발달시킬 것.

(나) 인권과 기본적 자유 및 유엔 헌장에 정해진 원칙을 존중할 것.

(다) 자신의 부모, 문화적 주체성, 언어와 가치, 거주하고 있는 국가와 출신국의 국민적 가치 및 자신의 문화와 다른 문화를 존중할 것.

(라) 모든 사람이 민족적·국민적·종교적 집단의 이해, 평화, 관용, 남녀평등 및 우호의 정신에 입각하여 아이가 자유로운 사회에서 책임 있는 생활을 양위할 수 있도록 할 것.

(마) 자연 환경을 존중할 것.

2. 이 조문 또는 제28조의 모든 규정도 개인이나 단체가 교육기관을 설립하고 운영할 수 있는 자유를 침해하는 것으로 해석해서는 안 된다. 단, 이 조문 제1항에 규정된 원칙을 준수하고 해당 교육기관에서 행해지는 교육이 나라에 의해 정해진 최소한의 기준에 부합해야 한다는 조건으로 한다.

이 조문에서 말하는 교육의 목적이란 아이들이 이런 식으로 자랐으면 하는 바람이라고 할 수 있다. 아이가 자신의 가능성을 마음껏 살릴 수 있도록 각자의 차이, 민족의 차이를 서로 소중한 것으로 인정하고, 각자의 문화, 언어, 가치를 서로 존중하도록 하며, 자연과 공존하는 것의 소중함을 알고, 그 생각이 널리 퍼지도록 하는 바람은 자신과 다른 사람을 소중히 하고 사람과 사람, 사람과 자연이 함께 살아가는 것이 가능한 사회를 실현해가는 어른의 바람이라는 것이다.

교육의 목적을 어른의 바람으로 바꾸어보았다. 왜냐하면 여기에 쓰여 있는 목적을 어른도 아직 실현하지 못했기 때문이다. 지구상에는 많은 내란과 전쟁이 있고 사상이나 행동의 탄압이 있으며, 차별은 여러 영역에서 뿌리 깊게 남아 있고 지구의 환경 파괴는 매우 심각하다. 다음 세대의 아이들이 안전하게 살아가는 것이 정말 가능할까? 그렇게 생각하면 교육이라는 말은 정말 우습다. 어른은 이 조항의 목적대로 아이를 가르치고 양육할 방법을 가지고 있지 않다. 가르치고 기르는 대신에 어른과 아이가 함께 생각하고 모색하면서 사람과 사람, 사람과 자연이 함께 살아가는 목표를 향해 나아간다는 표현이 적절할 것이다.

어른은 아이보다 조금 먼저 태어났을 뿐인데, 어떻게든지 가르치려고 한다. '기른다'라는 말은 당연한 것처럼 세상에 범람하고 있고, 어른은 그것에 집착한다. 왜 그렇게 기르려고 하는 것일까? 어른이 된 우리 자신을 뒤돌아보면 알 수 있지만, 사람은 스스로 커가는 존재다. 어른이나 동료, 그리고 여러 환경 속에서 배우고 교류하면서 말이다. 그런 시각에서 보면 아이의 권리는 '스스로 배우고 성장하는 것을 어른에게 방해받지 않을 권리'인 것이다.

한 모임에서 '출산 후 태어난 아이를 처음 봤을 때 어떻게 생각했는가?'라는 주제로 젊은 어머니들과 이야기를 나눈 적이 있다. '일단 그냥 무서웠어', '큰일을 했다', '이것으로 나도 한 사람 몫을 했구나', '아, 이게 내 아이인가', '음, 시원하게 맥주 한잔 하고 싶어' 등이었는데, 그중에는 '이 아이를 누구에게도 뒤지지 않게 훌륭하게 길러보겠다'라고 말한 사람도 있었다. 이제 막 엄마가 된 여자의 결의였다. 이 결의가 아이의 성장할 권리를 지키는가, 아니면 방해받는가를 일괄적으로 표현하기란 불가능하다. 하지만 분명한 사실은 아이가 한가롭게 있지 못할 것이라는 느낌이다.

왜 이런 이야기를 꺼내는가 하면, 이 조문의 가장 처음 문장과 통하는 부분을 느꼈기 때문이다. '아이의 인격과 재능 및 정신적·신체적 기능을 최대한 발달시킬 것'이라는 부분이다. 물론 아이의 성장을 진심으로 응원하는 것은 어른의 자연스러운 마음이다. 아이가 자신에게 다가오는 여러 가지 일들과 마주하며 모색하면서 걸어가는 모습을 부모는 지켜봐주는 것이 부모의 즐거움이자 소양이 아닐까 싶다.

여러 민족이 사는 일본

제30조 (소수자/원주민 아이들의 권리)

민족적 · 종교적 · 언어적 소수자나 원주민이 존재하는 나라에서는 해당 소수자나 원주민의 아이는 자신의 집단 밖의 구성원과 함께 자기의 문화를 받아들이고, 자신의 종교를 신앙하고 실천하며, 또는 자기의 언어를 사용하는 권리를 부정하지 않는다.

콜럼버스가 아메리카 대륙을 발견했다는 것은 백인 중심의 생각이다. 그 이전부터 아메리카 대륙에는 원주민이 대지와 함께 살고 있었다. 그런데 그들을 '야만적인 악인'으로 묘사한 서부영화나 소설 때문에 사람들에게 편견을 만들어 버린 것이다. 그러므로 그것을 반성하는 마음으로 아이들에게도 제대로 말해주지 않으면 안 된다.

일본도 잊어버리면 안 되는 것이 있다. 나는 과거에 독일인에게서 "일본인은 두 민족으로 이루어져 있다"라는 말을 듣고 조금 당황했던 적이 있었다. 그 사람은 아이누 민족과 야마토 민족의 일을 말한 것이었는데, 민족차별의 문제를 거론한 독일학교에서 일본 민족에 대해 정확하게 배우지 않은 탓이었다. 당시 다음과 같이 설명하지 못했던 내 자신이 매우 부끄러웠다.

“일본에는 아이누나 오로코 등의 북방제민족北方諸民族, 전쟁으로 일본에 강제로 끌려온 한국·북한·중국 민족, 그리고 다수의 야마토 민족 등이 살고 있다”라고 말이다. 더욱이 최근에는 여러 나라에서 일본으로 일하러 온 외국인 노동자도 늘어나고 있고, 그들의 아이들도 지역의 학교에 다닌다. 그 아이들은 자신의 민족의 말을 배우고 문화를 이어받으며 종교를 가지는 것을 소중하게 여겨야 한다. 그것은 이 조문에서 주장하는 그대로이다.

홋카이도를 여행하면 여러 곳에서 아이누어語 지명을 자주 접한다. 정확하게는 아이누 민족의 언어를 일본어로 바꾼 지명이다. 삿포로札幌, 후라노富良野, 왓카나이稚内 등이 대표적이다. 홋카이도 땅의 아이누 사람들은 자연과 사이좋게 살아가고 있었는데, 그들이 사는 땅에 일본 본토인이 무력으로 마구 짓밟은 것이다. 그런 소수민족의 존엄성을 소중하게 다루어야 하는 일을 일본 정부는 지금까지도 하지 않고 있다. ‘홋카이도의 구舊 토착민 보호법’이라는 혐오스러운 법률이 지금까지도 잔존하는 것이 그렇다. 그리고 정부뿐만 아니라 사회에서도 아이누 민족에 대한 차별이 아직까지 강하게 남아 있다.[9)]

9) ‘홋카이도의 구舊 토착민 보호법’은 1997년에 폐지되고, ‘아이누 문화의 진흥 및 아이누 전통 등에 관한 지식의 보급 및 계발에 관한 법률’로 개정되었다. 이 개정법은 ‘아이누 문화 진흥법’으로 약칭한다.-필자.

한국과 북한 사람들을 차별하는 것 또한 뿌리 깊다. 수년 전, 조총련계 학교의 학생들이 일본인에게 자주 희롱을 당하자 폭력을 행사한 사건도 있었다. 그리고 지역의 공립학교에 다니는 재일한국인의 아이들은 본명을 말하면 왕따를 당하기 때문에 통명通名으로 일본식 이름을 사용하는 경우도 많다.

재일한국인이었던 한 젊은이가 내 강의 시간에 다음과 같이 말했다.

"어릴 때 친구가 집에 놀러온다고 하면 정말로 긴장했습니다. 학교에서는 한국인이라는 사실을 숨기고 친구에게 통명을 말했는데, 집에 오면 풍습이나 가구 등을 보고 이상하다고 여기지 않을까 걱정했죠. 혹시 친구가 물을지도 몰라 '아빠가 한국에 여행 갔을 때 사왔던 장식품'이라고 굳이 설명하거나 신경을 곤두세우곤 했어요."

재일한국인 아이가 친구에게조차 이런 식으로 신경을 쓰지 않으면 안 될 정도로 차별적인 사회라는 것을 우리 일본인은 부끄러워해야 한다. 그는 고등학교에 진학한 뒤, 본명을 당당하게 말할 것을 권하는 교사를 만나 통명 사용을 그만두었고, 대학에서도 물론 본명을 사용했다. 하지만 그는 외국인 등록증을 보여주며 말했다.

"일본 사람 중에는 외국인 등록증을 본 적 없는 사람이 많을 거예요. 그러나 저는 언제나 외국인 등록증을 가지고 다녀야 합니다."

그가 보여준 외국인 등록증에는 검은 지문이 찍혀 있었다. 지문 날인이나 등록증 휴대 의무 같은 차별성의 문제는 오랫동안 지적당했지만, 일본 정부는 이것을 좀처럼 고치려고 하지 않았다. 이런 태도는 사회 속의 차별을 조장하고 지속하는 것과 직결되어 있다.[10]

소수민족이나 원주민, 그리고 외국인의 권리문제는 많은 사람의 일상생활 속에서 소외되기 쉽다. 그러므로 이 협약을 계기로 소수자의 아이들 문제들도 짚고 넘어가야 한다. 그럴 때 일본 학교를 지배하고 있는 학습지도 지침이 얼마나 이 문제를 고려하지 않고 만들어졌는지를 알 수 있을 것이다.

10) 외국인 등록증은 2012년에 폐지되었고, '체류카드' 또는 '특별 영주자 증명서'로 바뀌었다.-필자.

일단은 푹 자고 싶다

제31조 (휴식/여유/놀이/문화적 생활/예술적 생활에 대한 권리)

1. 협약을 맺은 나라는 아이가 휴식과 여가를 즐기고, 자신의 연령에 걸맞은 놀이와 오락 활동에 참여하며, 문화생활과 예술활동에 자유롭게 참여할 수 있는 권리를 인정한다.
2. 협약을 맺은 나라는 아이가 문화적·예술적 활동에 충분히 참여할 권리를 존중하고 촉진하며, 문화·예술·오락 및 여가 활동을 위한 적절하고 평등한 기회의 제공을 장려해야 한다.

"아이들의 권리협약에서 가장 중요한 조문은 휴식과 놀이 조항이네요"라고 했던 아버지가 있었다. 일하는 사람들을 '일벌'이라고 빗댔던 것과는 비교도 할 수 없을 정도로 바쁜 아버지의 눈으로 봐도 '아이가 바빠서 힘들겠구나'라고 느꼈던 것이다. 아이가 바쁜 것은 진실이다.

얼마 전 초등학교 5학년 여자 아이와 이야기했다.

"한 달에 두 번 토요일에 쉴 수 있어서 기쁘니?"

"네."

"토요일에는 뭐하니?"

"오전에 글씨쓰기 학원에 갔다가 오후에는 3시간 정도 낮잠 자요."

"좋네!"

"잘 때는 엄청 기뻐요."

낮잠을 즐기는 아이의 포근한 마음이 전해져 기쁘기도 했지만 한편으로는 '아이가 이렇게 바쁘구나' 하고 생각했다. 과거에는 낮잠이 노인의 즐거움이었는데 지금은 아이들의 즐거움이 되어버린 모양이다.

중학생은 특히 더 바쁘다. 중학생을 대상으로 '어떤 놀이를 했는가'라는 물음을 조사한 결과를 읽었던 적이 있다. 그때 '자고 싶다'라는 대답이 여러 개나 있어서 놀랐다.

"지금 하고 싶은 것은 없고, 그냥 멍하니 있고 싶어. 책상 앞, 상가, 이불에 누워서 멍하니 있는 거야." (2학년 여학생)

"한가하다면 혼자서 멀리 가고 싶어. 휴일이 되도 어디 나가지도 못하고, 나갈 용기도 별로 없고, 돈도 없어. 그러니까 쓸데없는 생각일지도 몰라. 그런데 온천은 좋아해요. 멍하니 온천에 들어가 있는 게 정말로 좋아!" (3학년 여학생)

"저는 별로 놀고 싶은 게 없어요. 왜냐하면 노는 것보다 자는 편이 좋으니까요. 요즘에는 특히 그래요. 시간이 있으면 자고 있어요. 수면이 제 놀이예요." (3학년 여학생)

아이에 대해서 무엇을 생각하거나 말할 때는 아이의 말을 그대로 듣는 것이 가장 확실하다. 이 정도로 '놀고 싶다', '자고 싶다', '멍하니 있고 싶다'라고 하는 아이들한테 휴일에도 공부하라는 것은 아무리 생각해도 너무한 것이다.

그렇게 말하는 나도 젊었을 때는 뒹굴뒹굴거리는 것이 싫었다. 무엇인가 하고 있지 않으면 안 된다는 얄팍한 죄책감에 꽤나 지배를 받았던 것이다. 그 보잘것없는 생각을 바꾸었던 이유는 한가롭게 있는 내 아이와의 만남, 그리고 그 아이와 함께 살았기 때문이다. 지금은 "우리 아이는 뒹굴거리기만 하고 아무것도 안 해요"라는 사람에게 "아이가 아무것도 안 하고 있는 것이 아니라 뒹굴거리고 있잖아요. 그것은 정말 중요한 것입니다"라고 자신 있게 말할 수 있다.

두 아이 중 한 아이는 '뒹굴거리는' 아이였고, 다른 아이는 '일을 척척 하는' 아이였다. '일을 척척 하는' 아이는 계속해서 많은 것을 했기에 주변의 평판이 좋았다. 하지만 그 아이는 고등학교 때 갑자기 학교에도 가지 않고 1년 정도를 방에 틀어박혀 지냈다. 어느 정도 지나서야 에너지가 다시 채워졌는지 다시 무엇인가를 하기 시작했다.

'뒹굴거리는' 아이는 어렸을 때부터 지긋이 하늘을 보고 있거나 멍하니 있었고, 그리고 잠을 많이 잤다. 그 느긋한 모습을 보고 있으면 주변까지도 여유로워질 정도였다. 그 또한 그 아이의 특색이었다. 독일에서 초등학교에 들어갔다가 일본으로 돌아올 때 담임선생님에게서 '프레드릭'이라는 느긋한 생쥐 그림책을 선물 받았다. 프레드릭은 모두가 일하고 있는 동안 가만히 있으면서 언제나 색깔이나 꿈을 모으던 생쥐였다. '뒹굴거리는' 아이는 십대가 되어서부터 꽤나 활동적으로 바뀌었지만, 그래도 그 눈이 반쯤 감긴 생쥐의 캐릭터를 지금도 자신의 트레이드마크로 하고 있다.

사람은 언젠가 반드시 한 번에 몰아서 쉰다고 한다. 일본에서 등교를 거부하는 아이가 증가하고 있지만, 이렇게 바쁜 환경 속에서 너무나 당연한 것이기 때문에 놀랄 필요가 없다. 하나의 생명체로서 소중한 휴식을 갖는 것을 아이의 인격 문제나 아이의 양육법이 실패했다는 식으로 몰아가며 소란을 피우는 것이 더 큰 문제다. 그로 인해 아이는 더 지쳐버린다.

필요한 만큼 쉬고 다시 일해야 하는 인간은 이 원칙을 소중히 해야 한다. 긴 인생에서 휴식은 당연한 것이고, 아이는 지금부터 계속해서 걸어가지 않으면 안 된다는 것을 아이는 알고 있다. 그래서 휴식은 당연한 것이다.

학교생활이 너무 바쁘니 적당히 대해주는 것도 중요하다. 아이는 학교를 위해 사는 것이 아니라 자신의 인생을 살고 있다. 그렇지만 더 중요한 것은 아이가 지쳐 싫증내지 않으면서 학교와 가정에서 생활하는 것이다. 솔직히 학교에서 생활하는 시간도 너무 길다. 독일에서는 초등학교부터 고등학교까지 학교에서 보내는 시간은 반나절이며 오후에는 아이들의 자유시간이다. 일본 아이들도 학교생활 시간을 줄이고 맘껏 뛰어놀 수 있도록 터전을 마련해주는 게 어떨까 싶다.

돈, 이 어려운 것

제32조 (경제적 착취/유해노동으로부터의 보호)

1. 협약을 맺은 나라는 아이가 경제적 착취로부터 보호받을 권리, 그리고 위험하고 아이의 교육을 방해하거나 혹은 아이의 건강과 신체적 · 심리적 · 정신적 · 도덕적 · 사회적 발달에 유해할 여지가 있는 노동으로부터 보호받을 권리를 인정한다.
2. 협약을 맺은 나라는 이 조문의 실시를 확보하기 위해 입법적 · 행정적 · 사회적 · 교육적 조치를 취한다. 이 목적을 위해 다른 국제 문서의 관련 규정을 고려하며 다음의 조치를 취해야 한다.

(가) 최저 취업연령을 규정할 것.

(나) 고용시간과 고용조건에 대해 적절한 규칙을 정할 것.

(다) 이 조문의 효과적인 실시를 위해 적절한 처벌이나 다른 제재 조치를 규정할 것.

어른이 아이에게 가혹한 노동을 강요하는 것에 대해서는 법적으로 강력한 제재를 가해야 한다. 약한 자를 혹사시켜 돈을 버는 행위는 쉽게 일어나기 때문에 착취로부터 아이를 확실하게 보호하기 위해서는 당연한 일이다.

그러나 아이와 노동의 문제, 특히 노동과 금전의 문제는 화폐경제의 구조가 지배하는 세상에서 무척 어려운 일이다. 제26조와 제27조에서도 말한 것처럼 아이의 일할 권리와 함께 다각도로 생각할 필요가 있다.

아이는 돈과 연관 없이 살아가지는 않는다. 아이는 자신이 태어난 사회가 어떤 구조로 움직이는지를 알려고 한다. 살아가기 위해 필요한 지식을 습득하는 원동력인 아이의 호기심이 그렇게 시키는 것이다. 그래서 아이는 우리 사회가 돈을 기본으로 움직인다는 것을 일찍부터 감지하고 있다.

아이를 돈에서 멀리 두어야 한다는 주장이 있다. 이것은 확실히 일리 있는 생각이다. 욕심이라는 끈적끈적하고 간단하지 않은 것을 안고 있는 인간에게 있어서 돈 문제는 상당히 어려운 주제이기 때문이다. 돈은 나이가 들면서 천천히 생각하면 된다. 어른의 보호 아래 있는 동안에는 돈이라는 현실적인 문제에서 지켜지는 것이 좋다고 하는 어른 측의 생각도 맞는 말이다.

그러나 피곤해 하는 어른과 달리 아이는 알고 싶어 하고, 해보고 싶어 한다. 무엇이든지 관심을 갖고 행동으로 실행하는 시기인 것이다. 그러므로 아이가 관심을 가지는 것은 막지 않고, 어른과 함께 생각해나가면 좋다. 나는 그런 방식으로 아이와 사귀어왔다.

과거에 아베 스스무라는 사람은 "돈으로 모든 것을 재려고 하는 아이는 결국 그 돈으로 잴 수 없는 것이 있다는 사실을 알아간다"라고 말했다. 즉 돈의 가치를 알려줌으로써 더욱 세상을 깊이 알 수 있게 하자는 것이다(아베 스스무阿部進, 《현대의 아이 채점법現代っ子採点法》).

1960년대 초등학교 교사로 있으면서 그는 산업구조의 변화로 세상이 크게 변했을 때 지금까지 없었던 시대를 아이들과 어떻게 살아갈 것인가에 대해 모색하면서 '현대의 아이'를 주장했다. 그 주장은 현 상태를 무비판적으로 받아들이는 세상의 적응 매뉴얼에 지나지 않는다고 비판받았다. 그런 면을 부정할 수 없지만, 아이의 기분이나 말을 억누르지 않고 아이와 나란히 서서 서로 생각을 주고받으려고 하는 자세는 전적으로 공감한다.

이 조문에서처럼 아이가 경제적 착취나 유해 노동에 내던져져지지 않도록 해야 한다는 것은 분명하다. 그러나 어른이 언제나 배려하거나 판단하면서 아이를 지키고 있을 수는 없다. 그리고 그것이 지나칠 때는 아이를 한 명의 인간으로 생각한다는 이 협약의 의미를 퇴색시킬 수도 있다. 아이 스스로 판단해야 하는 것도 있고, 스스로 자신을 지켜야 한다는 것들도 있다. 어릴 때부터 알고 싶은 것과 하고 싶은 것을 조금씩 넓혀가면서 그 힘을 길러 나가지 않으면 어른이 되어서도 곤란해진다. 어른도 생각하고 판단해야 할 것이 산처럼 많기 때문이다. 중요한 것은 아이와 어른이 힘들어도 서로의 생각을 나누는 것이다. '아이에게 배울 게 많구나', '아이와 살아가는 게 재미있구나' 하는 생각들이다. 물론 아이와 부딪히면서 화가 나거나 힘들 때도 있지만, 그것도 아이와 살아가는 일상일 뿐이다. 그러면서 아이와 함께 살아가는 것이다.

현대는 미화된 정보가 흘러넘치는 시대다. 어른이나 아이 모두 상품의 정보에 매몰되기 쉽다. 마찬가지로 세상에 널려 있는 돈에 대한 좋은 이야기가 아이에게 환상을 갖게 한다. 잡지나 만화, 텔레비전, 소문이 아이의 주변에 넘쳐난다. 그래서 아이도 돈과 노동, 사회적 관계 같은 세상의 현실을 몸으로 조금씩 느끼면서 거짓 정보를 꿰뚫어 보는 힘을 기를 필요가 있다. 그래야만 착취나 유해 노동으로부터 아이 스스로를 지켜나갈 수 있는 것이다.

마약으로부터의 보호

제33조 (마약과 향정신성 약물로부터의 보호)

협약을 맺은 나라는 관련된 국제협약에 있는 마약과 향정신성 약물의 불법 사용으로부터 아이를 보호하고, 이러한 물질의 불법적 생산과 거래에 아이를 이용하지 않도록 방지하기 위해 입법적·행정적·사회적·교육적 조치를 포함한 모든 적절한 조치를 취해야 한다.

마약이나 향정신성 의약품처럼 몸을 해치는 일에 아이가 방치되거나 그 거래의 수단으로 사용되는 것이 매우 위험하다는 사실은 두말할 나위도 없다. 거기서 아이는 단지 어른의 도구나 돈벌이 수단, 또는 기껏해야 장난감으로 치부되어 사람으로서 소중히 여겨지지 않기 때문이다.

아이는 아직 인생의 경험이 부족하기 때문에 자신이 처한 환경을 그냥 수용하려고 한다. 그래서 자신의 환경을 부정하거나 비판하지 못한다. 상처를 입혀도 당연한 것처럼 여긴다. 매일같이 부모의 폭력에 시달리던 한 아이는 "다른 집의 일은 모르니까 원래 그런 거라고 생각했어"라고 말한다. 아이에 대한 어른의 학대가 좀처럼 표면으로 드러나지 않는 것은 이러한 아이의 생각이 저변에 깔려 있기 때문이다.

어른과 아이의 관계가 열려 있는 사회에서는 사람들의 눈이 제재하는 기능을 하지만, '사생활'이라는 사고가 팽배한 사회에서는 아이가 마약에 휘말려 위험해져도 집안일로 치부해버릴 가능성이 높다. 아이가 많은 사람들 속에서 지낼 때는 어른이 참견이라고 해도 개입할 필요가 있다. 그것을 어른의 역할로서 공유하지 않으면 위험한 관계에 휘말려버린 아이를 구하는 일은 어려울 것이다. 향정신성 의약품을 예로 들면, 부모와의 관계가 심각해져 정신병원에 보내진 아이가 강한 약을 계속해서 과다하게 투여되지 않았는지를 충분히 감시해야만 한다.

성적 학대와 어른의 사회

제34조 (성적 착취/학대로부터의 보호)

협약을 맺은 나라는 모든 형태의 성적 착취와 성적 학대로부터 아이를 보호할 것을 약속한다. 이 목적을 위해 협약을 맺은 나라는 특히 다음을 방지하기 위해 모든 적절한 국내 그리고 다수 국가 간의 조치를 취해야 한다.

(가) 불법적인 성적 행위에 종사하도록 아이에게 권유하거나 강제하는 것.

(나) 매춘이나 다른 불법적인 성적 활동에 아이를 착취적으로 이용하는 것.

(다) 포르노 영화나 문학의 주제로 아이를 착취적으로 이용하는 것.

약자인 아이를 이용해서 성적 착취를 행하거나 부모가 집 안에서 성적 학대를 하는 것은 절대 용서할 수 없다. 성문제는 가장 기본적인 인간의 존엄성과 관련되어 있어서 아이들도 이것을 감추고 밖으로 드러내지 않는 경우가 많다.

경제적 빈곤이나 가족의 생활을 위해 아이에게 매춘을 강요하는 일은 현재 일본에서는 거의 일어나지 않는다. 그러나 동남아시아의 아이가 일본에 끌려와 성적 착취를 당하거나 일본 관광객이 현지에서 성매매를 하기 위해 여행을 가는 방식으로 가해자가 되는 것을 눈 감고 있을 수는 없다. 본래 이 협약은 '풍요로운' 선진국이 여러 형태로 착취하는 가난한 나라 아이들의 권리를 실현하는 데 주안점을 두고 있다. 우리는 그 사실을 가슴에 깊이 새겨두어야 한다.

'풍요로운' 나라는 이미 다른 의미로 병들어 있다. 유흥업의 무분별한 영업으로 아이들마저 상품화된 성에 휘말린다. 서로를 연결하는 힘을 잃어버린 사람들은 약한 아이를 성적 대상으로 삼아 아이를 희생시킨다. 특히, 부모가 아이를 성적으로 추행하는 행위는 아이에게 가장 비참하고 깊은 상처를 남긴다.

인간의 억압적인 관계를 성의 각도에서 예리하게 고발한 것은 여성이다. 이러한 영향으로 최근 대등한 성 관계의 모색과 함께 성희롱에 대한 토론도 활발해지고 있다. 따라서 과거 전쟁에서 굴욕과 고통의 상처를 안은 채 살아가고 있는 종군위안부의 문제도 일본의 잘못을 은폐하거나 얼버무리지 말고 정확하게 이야기해야 한다. 그리고 그것은 다음 세대의 아이에게 전해져야 한다.

성교육은 내 어린 시절에 비해 비교적 성실히 시행되고 있으며 대다수의 아이들이 성교육을 받고 있다. 그렇지만 아직까지는 어른과 아이의 성 문제에 대해서 자연스럽게 이야기하는 문화는 아니다. 그러는 사이 아이는 잡지나 만화 등에서 얻은 잘못된 정보로 인해 비틀어진 성 의식을 가지게 되는 것이다.

오늘도 아이들은 살아 있다

제35조 (유괴/매매/거래의 방지)

협약을 맺은 나라는 어떠한 목적과 형태도 따지지 않고 아이의 유괴, 매매 또는 거래를 방지하기 위한 모든 적절한 국내적 · 국제적 조치를 취해야 한다.

어른이 아이를 속여 유괴하거나 팔아서 돈벌이의 수단으로 이용하는 최악의 일이 안타깝게도 지속되어왔다. 이런 행위는 아이가 얼마나 약한 존재인지를 반복해서 보여주는 것이다. 그것을 깨닫고서야 부모는 아이가 언제든 행방불명되거나 죽을 수 있다는 사실을 알게 된다.

오랫동안 아이들과 생활하면서 아이들에게 강하게 소망하는 것이 하나 있다. '절대로 죽지 말라'는 것이다. 조금은 지나친 생각이라고 할지라도 '죽으면 안 된다'라고 때때로 강조했다.

사람은 교통사고를 비롯해 사고, 유괴, 질병, 살인 등으로 죽는다. 매일 살아가는 것이 신기할 정도로 우리는 언제 죽을지도 모른다. 그래서 부모는 모든 지혜와 힘을 다해 자신을 지키라고 말하는 것이다

옛날에는 어른이 논과 밭에서 일하는 동안 아이가 목숨을 잃는 경우가 많았다. 그래서 부모는 작은 천으로 만든 '부적(背守り, 세마모리)'을 아이의 등에 붙여두었다. 보이지 않는 커다란 손이 부적을 잡아 아이를 죽음으로부터 꺼내주도록 말이다. 사실 그것은 부모의 간절한 마음이다. 현대에 살고 있는 우리도 마찬가지다. 유괴와 매매가 지금 당장 일어나지 않는다고 방심하고 있을 것이 아니라 언제라도 일어날 수 있으니 조심해야 한다. 그러므로 오늘도 우리 아이가 살아 있다는 것만으로 행복하고 감사한 것이다.

아이는 부모의 것이 아니다

제36조 (그 밖의 모든 착취로부터)

협약을 맺은 나라는 아이의 복지에 대하여 어떠한 이유든지 아이에게 유해한 다른 모든 형태의 착취로부터 아이를 보호해야 한다.

여기서는 현재 일본 사회에서 흔히 보이는 '어른들이 아이의 일상을 착취하는 것'에 대해 말하고 싶다. 그것은 부모가 아이를 '자신의 것'이라고 소유하고 종속시키는 행위를 가리킨다. 아이의 사유화, 부모의 지배 등으로도 불린다. 한편 '꿈을 이룬다'라는 표현으로 부모의 꿈을 아이가 대신 이루게 하려는 것도 있다. 학교에서나 사회에서 아이의 성공을 부모 자신의 목적을 위해 한다는 것은 아이를 부모의 의지대로 움직이려는 것뿐이다. 이것이야말로 아이의 인생 전부를 착취하려는 것이 아닐까.

아이를 진정한 의미로 존중한다는 것이 일본 사회에서는 사실 어렵다. 왜냐하면 일본이 신앙심을 가진 사람이 많지 않은 사회이기 때문이다. 제8조에서 말했던 헤어 인디언처럼 아이에게 각각의 수호신이 붙어 있다고 믿는 것도 아니고, 또 기독교 문화를 전통적으로 가진 유럽이나 미국의 사람들처럼 모두 신의 아이라고 하는 생각을 공유하는 것도 아니다.

독일에서 경험한 것에 따르면, 다른 사람한테 아이가 칭찬받았을 때 그 부모는 절대로 부정하지 않는다. "귀여운 아이네"라고 말하면 "이 아이는 처음부터 그렇게 태어났어"라고 대답하거나, "머리가 좋네"라고 칭찬하면 "축복받았으니까"라고 응답한다. 이때 '이 아이는 그런 특성을 부여받았다'라는 의미의 단어 'begabt'를 사용한다. 원래 이 단어는 '신에 의해 그렇게 부여받았다'는 뜻이다. 아이는 한 사람의 인격이므로 아무리 부모일지라도 아이의 외모나 재능을 부정해서는 안 된다. 그런데 일본 사회에서는 마음속으로는 기쁘면서도 "아니요, 그렇지 않아요"라고 대부분 부정한다. 이는 '겸양의 미덕' 이전에 아이가 자신의 소유물이라는 생각이 포함되어 있는 것이다.

옛날 우리의 부모는 '아이를 받았다'라거나 '소중한 아이가 많아 축복받았다'라는 표현을 사용했다. 땅의 축복, 바다의 베풂을 생명의 기원으로 했던 사회에서는 모든 것을 자연으로부터 받는데 아이도 자연이 준 것으로 여겼다. 내가 부모가 된 1960년대 후반까지도 이 표현이 일반적이었다. 그것에는 아이에 대한 경외敬畏와 부모의 신중함을 독촉하는 의미가 깃들어 있었다.

그런데 언젠가부터 '아이를 만든다'라는 표현이 보급되기 시작했다. 그것은 일본이 공업사회로 변모하면서 기계로 물건을 만들게 된 것과 같이 시작한 것이 아닌가 생각한다. 이것은 계획 출산과도 깊은 연관이 있다. 그리고 '아이를 만드는' 것이 당연해지면서 태어나는 아이를 생각대로 '기르는' 것으로 이어졌다.

아이는 자신에 대한 부모의 '계획'을 민감하게 느끼기 때문에 부모의 의향에 따르기 위해 많은 에너지를 소모한다. 부모가 '계획'이 실현되지 않는다고 생각할 때 아이는 버림받지 않을까 겁을 먹기도 한다. 사실 그렇지 않아도 아이는 부모를 사랑하고 있기에 기쁘게 하고 싶어 한다. 부모가 아이의 '성공'에 열심일수록 아이는 최선을 다해 기대에 부응하려고 한다. 부모의 의향을 따를수록 아이의 에너지는 소진되고 아이의 일상은 부모에게 묶여버린다. 이러한 모습을 아이나 젊은이에게서 흔히 볼 수 있기 때문에 나는 이것을 '아이 일상의 착취'라고 한다. 한 젊은이의 말이 그것을 증명한다.

"저는 부모에게 계속 부정당했습니다. 언제나 '그렇게 하면 안 돼. 더욱 노력하지 않으면 안 돼'라고 부정적인 시각으로 양육되었죠. 그래서 뭘 해도 자신이 없습니다."

아이는 부모와의 관계에서 특히 신경 쓰면서 살고 있다. 아주 어린아이도 마찬가지다. 따라서 아이가 부모로부터 있는 그대로의 존재로 존중받는 데 이 협약이 하나의 계기가 되었으면 한다.

사형에 대한 의문

제37조 (사형/고문 등의 금지, 자유를 빼앗긴 아이들의 적정한 취급)

협약을 맺은 나라는 다음을 확보해야 한다.

(가) 어떤 아이라도 고문 또는 다른 잔학하거나 비인도적인 대우나 형벌을 받지 않는다. 18세 미만의 아이가 행한 범죄에 대해서 사형과 석방의 가능성이 없는 종신형을 줘서는 안 된다.

(나) 어떤 아이라도 불법적 또는 자의적으로 자유를 빼앗지 않는다. 아이의 체포, 억류, 구금은 법률에 따르는 것으로 하고, 오직 최종 수단인 동시에 가장 짧게 적절한 기간만을 허용해야 한다.

(다) 자유를 빼앗긴 모든 아이는 인도주의적이고 인간 고유의 존엄을 존중하면서 그 연령에 맞는 방법으로 처우한다. 특히 자유를 빼앗긴 모든 아이는 성인으로부터 분리되지 않는 것이 '아이의 최선의 이익'이라고 판단되는 경우를 제외하고는 성인으로부터 분리되어야 하며, 특별한 사정이 있는 경우를 제외하고 통신과 면회에 의한 가족과의 접촉을 유지할 권리를 가진다.

(라) 자유를 빼앗긴 모든 아이는 법적 및 다른 적절한 지원에 빠르게 접근할 권리를 가지며, 이어서 자유권 박탈의 합법성을 법원 또는 다른 권한 있는 독립적인 공평한 기간에서 해당 기소에 대해 신속한 결정을 요구할 권리를 가진다.

이 조문은 아이뿐만 아니라 모든 사람에 대해서 지켜지지 않으면 안 되는 것과 아이에 대해서 특별히 적용되어야만 하는 것으로 나누어져 있다. 아이와 어른을 따지지 않고 지켜져야 할 것은 고문이나 비인도적 취급을 금하는 것, 체포 등의 구속은 법률에 따를 것, 자유 박탈의 합법성을 따지는 것 등이다. 이러한 권리를 여기서 새삼 명문화한 것은 아이에 대해서만은 지금까지 뒷전으로 밀려 있었다는 사실을 보여준다. 따라서 그동안 아이는 '부당한 처우'를 받아왔다고 할 수 있는 것이다.

일본에서 사람이 체포되어 구속되는 경우에는 변호사를 붙여 그 정당성을 따질 권리가 있다. 아이의 경우는 소년법 안에 동행인 제도가 있어서 변호사를 선임하거나 가정재판소의 허가를 받아서 변호사 이외의 동행인을 붙이는 것이 가능하고, 이 동행인은 보호자도 될 수 있다. 하지만 대부분은 이런 제도를 알지 못한다. 그래서 누명을 쓰는 아이도 적잖이 발생한다.

18세 미만의 아이에 대해 특별하게 다뤄야 하는 것은 사형과 종신형을 선고해서는 안 된다는 것, 체포와 구금을 가장 짧은 기간으로 할 것, 자유를 빼앗을 경우에는 같은 입장의 성인과 분리해야 한다는 내용이 포함되어 있다. 이것은 아이의 특성을 고려하고 아이의 성장성과 동시에 약한 입장을 배려해서 명문화한 것이다. 하지만 한 사람 한 사람의 인권을 생각해보면 어른에게도 똑같이 적용해야만 될 내용이다.

사람이 사람을 죽이는 것을 허용하고 인정하는 것은 사형제도와 전쟁이지만, 그 이유를 우리 아이에게 당당하게 설명할 수 있을까? 사람이 어떤 일로 사람을 죽인다는 것은 절대로 용납될 수 없고, 결코 있어서도 안 된다. 물론 예측할 수 없는 상황에서 불가피하게 일어난 것을 사형이라는 합법적인 제도로 단죄해야 한다는 여론도 있지만, 이 역시 어떤 식으로 합리화될 수 없으며 당연히 없어져야 한다.

사형제도에 대한 찬성과 반대를 둘러싼 토론은 점점 더 격해지고 있고 사형을 반대한다는 의견도 더욱 많아졌다. 아이에 대해서 하지 말아야 할 것은 본질적으로는 어른에 대해서도 마찬가지다. 아이도, 어른도 같은 인간이라는 생각이 이 협약의 기본이다.

'아이들의 권리협약'은 인간으로서 아이에게 해서는 안 되는 문제를 씻어 없애는 것으로, 어른이 어른에게 행하고 있는 잘못을 드러내는 결과를 가져왔다. 여기에 이 협약이 갖는 또 하나의 의미가 있다. 이러한 생각이 확립되지 않는 한 이 협약이 품고 있는 모순을 피할 수 없다. 다음의 전쟁에 관한 조문은 그 대표적 예가 될 것이다.

전쟁을 하지 않을 것에 대한 결의

제38조 (무력 분쟁에서의 아이들의 보호)

1. 협약을 맺은 나라는 무력분쟁에서 자국에 적용 가능한 국제인도법으로 아이와 관련 있는 규정을 존중하고, 그 존중을 확보할 것을 약속해야 한다.
2. 협약을 맺은 나라는 15세 미만인 자가 적대 행위에 직접 참여하지 않을 것을 확보하기 위해 모든 가능한 조치를 취해야 한다.
3. 협약을 맺은 나라는 15세 미만인 자의 징집을 삼가야 한다. 15세 이상 18세 미만인 자 안에서 징집을 할 때는 가장 연장자를 우선하도록 노력해야 한다.
4. 협약을 맺은 나라는 무력분쟁에 있어서 민간인 보호를 위한 국제인도법상의 의무에 따라 무력분쟁의 영향을 받는 아이의 보호와 보살핌을 확보하기 위한 모든 가능한 조치를 취해야 한다.

아이가 사는 나라에서 만약 전쟁이 일어나면 아이는 모든 것을 잃어버린다. 어른 역시 마찬가지다. 제2차 세계대전이 끝났을 때 나는 여덟 살이었다. 그날 우물가에서 물을 푸던 아버지가 "전쟁이 끝났어"라며 웃으시고 기뻐하시던 표정을 잊지 못한다. 비행기 굉음이나 사이렌 소리, 라디오 공습경보, 방공호의 어둠 같은 불안한 것들이 종전과 함께 지나가면서 주변 어른들은 안도하는 표정이었다. 귀가 잘 들리지 않았던 아버지는 전쟁에 나가지 않았지만 삼촌은 전사했다. 시골에 살았던 우리도 전쟁의 무서움을 뼈저리게 느꼈다. 그리고 일본 군대가 침략했던 상대국 사람들을 공포나 죽음으로 내몰았던 것은 절대 용서할 수 없는 일이다.

이 조문은 불행히도 무력 분쟁이 일어나버렸을 경우 아이의 보호에 대해 규정한다. 15세 이하의 아이는 징병하지 않을 것, 18세까지는 나이가 많은 사람부터 징집할 것, 무력 분쟁 상태에 있는 아이의 보호와 보살핌의 확보에 힘쓸 것 등이다. 이것은 지금도 세계 각지에서 일어나고 있는 내전 등에 끌려가 있는 수십만 명이나 되는 아이를 생각하며 정한 것이다. 사실 전쟁 속에서는 아이나 어른을 따지지 않고 사람의 권리는 지켜지기 힘들다.

일본은 전쟁으로 커다란 희생을 치르고서야 다시는 전쟁을 하지 않겠다는 결의를 헌법으로 명문화했다. 아이나 어른이 전쟁에 나가는 일이 있어서는 안 되고, 그런 사태에 가담해서도 안 된다는 것이다.

일본 헌법이 두 번 다시 전쟁을 일으키거나 참가하지 않는다는 결의를 부모는 아이에게 전해야 한다. 이를 위해 일본 헌법의 전문 일부와 제2장 '전쟁의 포기'를 아이와 함께 읽으면 도움이 될 것이다.

일본 헌법

전문

② 일본 국민은 항구恒久한 평화를 염원하고, 인간의 상호 관계를 지배하는 숭고한 이념을 깊이 자각하고, 평화를 사랑하는 모든 국민의 공정과 신의를 신뢰하고, 우리의 안전과 생존을 호지護持하려고 결의한다. 우리는 평화를 유지하고 전제專制와 종속, 압박과 편협을 지상에서 영원히 제거하려고 노력하는 국제사회에 명예로운 지위를 점하고 싶다고 생각한다. 우리는 전 세계의 국민이 평등하게 공포와 빈곤에서 벗어나 평화로운 곳에 생존할 권리를 갖는 것을 확인한다.

제2장 전쟁의 포기

제9조 (전쟁의 포기, 군비 및 교전권의 부인否認)

일본 국민은 정의와 질서를 기조基調로 하는 국제평화를 성실히 희구希求하고, 국권의 발동發動인 전쟁과 무력에 의한 위협 또는 무력행사는 국제 분쟁을 해결하는 수단으로서는 영원히 포기한다.

② 전항의 목적을 달성하기 위해 육군·해군·공군 그 밖의 전력은 이것을 보지保持하지 않는다. 나라의 교전권은 이것을 인정하지 않는다.

심신의 상처를 치유하는 것은

제39조 (희생된 아이들의 심신 회복과 사회 복귀)

협약을 맺은 나라는 모든 형태의 유기, 착취, 학대, 고문 또는 다른 모든 형태의 잔학하고 비인간적인 취급과 형벌, 그리고 무력 분쟁 등으로 희생된 아이의 신체적·심리적 회복, 및 사회 복귀를 촉진시키기 위한 모든 적절한 조치를 취해야 한다. 이러한 회복과 복귀는 아이의 건강, 자존심, 그리고 존엄을 배려하는 환경 속에서 행해진다.

어른이 된 우리는 어린 시절을 돌아보면 누구나 크고 작은 마음의 상처를 받았던 기억을 가지고 있다. 어린 시절에 받은 굴욕이나 고통은 아이가 약한 입장이었기 때문에 깊고 오랫동안 남는다. 마음속에 흉터를 남겨두는 것은 너무나 큰 상처를 입었기 때문이며, 그로 인해 타인까지 믿지 못하게 된다. 거기서 회복되려면 긴 시간이 필요하다.

이 조문은 지금까지 다른 조문에서 중복해서 금지한 학대나 착취를 받은 아이에 대해 어른이 취해야 할 행동에 대해 이야기한다. 조문에서 '희생된 아이'란 부모에 의한 학대/방임/착취(제19조), 경제적 착취(제32조), 성적 착취(제34조), 고문 그리고 자유의 박탈(제37조), 무력 분쟁(제38조) 등으로 피해를 입은 아이를 가리킨다. 이런 상태의 아이가 심신을 회복하고, 사람들과 함께 어울려 살아가도록 하기 위해서는 가능한 한 모든 노력을 기울여야 한다.

이런 문제가 이미 발생한 경우에 가장 필요한 사항은 다음과 같다. 사람은 각자 시간 속에서 자신의 상처를 치유하는 힘을 갖고 있다는 것을 믿어야 한다. 그리고 누구라도 있는 그대로를 인정하고 사귀는 것, 가볍지 않은 일상의 인간관계야말로 가장 소중한 것이다. 인간은 기계가 아니라 생명체이기 때문에 상처를 치유하기 위해서는 기본적으로 시간에 맡길 수밖에 없다. 급하게 치유할 수 없고, 즉효약도 없는 것이다.

그동안의 시간을 지지하는 것은 아이와 주변에 있는 사람들과 평소의 관계, 즉 일상적인 것이다. 특별한 것을 하는 것이 아니라 상처 입은 아이가 있는 장소에서 주변 사람들과 웃거나 울거나 하는 자연스런 삶을 함께하는 것이다. 가능하면 일상에 몸을 맡겨두면 아이는 자신에게 필요한 것을 얻고 목표하는 방향으로 스스로를 치유해나가는 것이다. 아무렇지 않게 느긋하고 의연하게 아이가 지낼 수 있는 장소를 유지하는 노력이 주변의 누구에게나 요구되고 그것이 가장 소중한 것이다.

'마음의 상처'라고 하면, 최근에 자주 등장하는 '카운슬링(상담)'이라는 단어가 떠오른다. 1995년에 발생한 한신 대지진이나 학교에서 일어나는 왕따 문제 등으로 '카운슬링'이나

'카운슬러'가 널리 알려졌다. 사실 나는 이런 추세에 의문을 갖고 있다. 일상생활에서 일어나는 고민을 간편하게 외부에 맡겨버리는 습관으로 인해 우리는 문제도 단순히 돈으로 해결하는 '소비인消費人'이 되어버릴 것이다. 이렇게 되면 사람과 사람이 만나서 함께 살아가는 의미는 어디에 있으며, 우리는 아이에게 무엇을 전할 수 있을까?[11]

'소비 인생'을 목표로 한다면, 구체적으로는 그곳에 필요한 돈을 얻는 것이 목적이 된다. 아이는 그런 목적을 향해 한눈을 파는 것도 허용되지 않는 채, 단번에 학교를 통과하지 않으면 안 되는 상태에서 더욱 빨리 지쳐버릴 것이다. 아이들의 몸으로는 참 힘든 일이 될 것이다.

현대가 소비사회가 되어버린 것은 사실이다. 물만이 아니라 깨끗한 공기까지도 돈으로 사는 세상이다. 지금까지 애정이나 상냥함 같은 인간관계는 돈으로 살 수 없었지만, 이것도 상품화의 물결에 휩쓸리고 있다. 그것이 전형적인 카운슬링 환상의 확산이라는 형태로 나타나고 있다. 즉 인간관계업이라는 시장이 생성되고 확대되고 있으며 이 새로운 상품은 계속 미화되고 있다.

교육이나 복지도 원래는 스스로 준비하는 것이었는데, 이제는 시장화市場化되었다. 이런 상황에서 사람과 사람의 관계를 스스로 만들지 않으면 우리의 삶에서 아무것도 남아

11) 이와 관련한 필자의 책으로는 《마음의 전문가는 필요 없다》, 《마음을 상품화하는 사회》가 있다.

있지 않을 것이다. 그렇다고 돈으로는 진정한 관계를 만들 수는 없다. 제32조에서 돈과 우리의 생활문제를 아이와 함께 생각해나가자고 말했던 것처럼 이 주제도 마찬가지다.

좀 전에 '카운슬링 환상'이라는 말은 다분히 의도적이었다. 한신 대지진 후에 '마음의 돌봄'이나 '카운슬링의 필요성'이 활발하게 이야기되었다. 하지만 시간이 지난 지금 분명한 사실은 피해자에게 가장 필요한 것은 '마음의 돌봄'이라는 아름다운 말보다 안심하고 살 수 있는 집과 장래의 전망, 사람들과의 일상적인 관계였다. 미화된 말이나 개념은 정말로 필요한 생각이나 일을 은폐시킬 위험이 있다. 학교에서 일어나는 아이들의 왕따 문제도 마찬가지다.

이 조문의 원래 취지로 다시 돌아가 보자. 상처받은 아이의 회복에 중요한 것은 특별한 전문가의 손안이 아니라 사람들 사이에서 일상적으로 이루어지는 생활 속 도움의 손길이다. "가장 좋은 카운슬러는 시간입니다"라는 일본 전통 시조처럼 그 '시간'을 함께하는 삶의 힘이 아이의 생활에서 언제 어디서든지 지지하고 있는 것이다.

죄인과 사람의 존엄

제40조 (소년 사법)

1. 협약을 맺은 나라는 형법을 위반하여 유죄를 인정받은 아이의 경우, 아이의 존엄과 가치에 대한 의식을 촉진하는 데 걸맞은 방법으로 처벌되는 권리를 인정해야 한다. 해당 방법은 다른 사람의 인권과 기본적 자유의 존중을 강화하고, 아이의 연령, 아이의 사회 복귀 및 사회에서 건설적인 역할을 촉진하는 것이 바람직하다는 점을 고려해야 한다.

2. 이 목적을 위해 국제 문서의 관련 조항에 유의하면서 협약을 맺은 나라는 특히 다음을 확보해야 한다.

(가) 어떤 아이도 실행할 때에 국내법과 국제법에 의해 금지되지 않았던 작위作爲 또는 부작위不作爲를 이유로 재판을 받거나 유죄로 인정되어서는 안 된다.

(나) 형사 피의자나 피고인 모든 아이는 적어도 다음 사항을 보장받아야 한다.

㉠ 법률에 기초해 유죄가 입증될 때까지 무죄로 추정될 것.

㉡ 피의사실을 신속하고 직접적으로 그리고 적절한 경우에는 부모나 법적보호자를 통해 고지告知할 것. 변론의 준비 및 제출에서 법적 또는 다른 적절한 지원을 받을 것.

㉢ 권한 있는 독립적이며 공평한 기관이나 사법기관에 의해 법적 또는 부모나 법적보호자의 입회 아래 법률에 따른 공정한 심리를 지체 없이 받아야 하며, 그리고 아이에게 최선의 이익이 되지 않는다고 판단되는 경우를 제외하고는 아이의 연령과 상황

등을 고려해야 한다.

㉣ 증언이나 유죄의 자백을 강요받지 않으며, 자신에게 불리한 증언을 심문하거나 해당 증인에게 심문을 받게 할 것. 평등한 조건에서 반대편 증인을 심문하고 자신을 위한 증인을 출석시켜 조사를 받을 것.

㉤ 형법을 위반했다고 판단되는 경우, 그 결정 및 그에 따라 부과되는 모든 조치를 법률에 따라 독립적이고 공정한 상급기관 또는 사법기관에 의해 재심리할 것.

㉥ 아이가 사용하는 언어를 이해하지 못하거나 말하지 못하는 경우에는 무상으로 통역의 지원을 받을 것.

㉦ 모든 단계 절차에서 사생활이 충분히 존중될 것.

3. 협약을 맺은 나라는 형법을 위반해 재판을 받아 죄가 인정된 아이에게 특별하게 적용되는 법률, 절차, 기관 및 시설의 확립을 촉진하도록 노력해야 한다.

(가) 형법에 위반할 능력을 갖지 않았다고 추정되는 가장 최저 연령을 확립할 것.

(나) 적절하고 바람직한 경우에는 인권과 법적 보호를 충분히 존중한다는 조건으로 이런 아이를 사법 절차에 의하지 않고 처리하는 조치를 확립할 것.

4. 보호, 지도 및 감독 명령, 상담, 보호관찰, 수양부모 양육, 교육과 직업훈련 프로그램, 시설 내 처우 같은 다른 대체적 조치 등의 다양한 처분은 아이의 복지에 적절하고 아이의 상황과 죄의 처벌이 어느 한쪽으로 취급되지 않는 것을 확보하여 이용 가능하도록 해야 한다.

형법을 위반한 아이에 대한 대응 원칙을 말하는 조문이다. 형법을 위반한 아이의 존엄을 손상하지 않는 방법으로 아이의 연령을 고려하여 바람직한 형태의 사회 복귀를 위해 노력해야 한다. 어떠한 아이도 국내법이나 국제법으로 금지되지 않은 행동을 했다는 이유로 죄를 묻지 않는다. 범죄를 저지른 아이는 법률에 따라서 공정하게 심리한다. 그때는 부모 또는 법적보호자가 입회한다. 자백을 강요하지 않는다. 사용하는 말이 달라 소통이 불가할 경우에는 무상으로 통역을 붙인다. 사생활은 충분히 존중한다. 죄를 묻지 않는 최저 연령을 정한다. 사법적 절차에 의존하지 않는 적절한 방법에 의해 처우하는 것도 가능하다. 보살핌이나 지도, 명령, 카운슬링, 보호 관찰, 수양부모 양호, 교육, 훈련, 시설 입소入所, 그 밖의 다양한 방법으로 아이의 발육에 맞는 처우를 생각한다. 이상이 이 긴 조문에 담겨 있는 요점이다.

제37조에서도 말했지만 형법을 위반한 경우 인권 문제는 기본적으로는 아이나 어른이 다르지 않다. 누명의 원인인 예단豫斷이나 편견을 배제할 것, 개인의 존엄을 침범하지 않을 것, 그리고 변호사나 보호자 및 지원자에 의해 방어수단을 가질 것 등이다. 이 조문에서는 여기에 더해서 아이의 연령을 고려하여 '범죄'라고 볼 수 없는 최저 연령을 정해야 하고, 사정에 따라 유연하게 대응하는 법의 필요성 등을 규정한다.

'범죄'라는 행위는 어떤 경우에도 상황성狀況性이 중요한 요인이 된다(범죄에 국한되는 것이 아니다). 그 행위를 개인 안에 가둬두고 모두 설명하는 것은 불가능하다. 그래서 이 조문에 있는 '범죄'가 성립하는 최저 연령을 확립할 것이라는 생각에는 당연히 의문이 생길 것이다. 아이라고 해도 한 명 한 명 모두가 다르다. 하지만 법률이나 법률적인 측면에서는 이런 기계적인 구분은 어쩔 수 없다. 그것은 이 협약 제1조 "아이란 18세 미만의 모든 사람을 말한다"에도 똑같이 적용된다.

하지만 가장 중요한 것은 아이나 어른 한 명 한 명이 다 다르고, 사람을 둘러싼 상황이나 진행 결과도 하나하나 다르다. 그리고 그 속에서 사람이 행동하고 있다는 사실을 항상 기억하고 있어야 한다. 이 유동성을 유연하게 유지하려는 노력 속에서 '범죄'를 불러일으키는 '불운한 일의 진행'이 있다는 것을 잊지 말아야 한다.

인연의 사상을 걸어서, 아이들의 미래로

제41조 (기존 권리의 확보)

이 협약의 어떤 규정도 다음에 포함된 규정일 뿐이고, 아이의 권리 실현에 한층 더 공헌하는 규정에 영향을 미치지 않는다.

(가) 협약을 맺은 나라의 법.

(나) 협약을 맺은 나라에 대한 효력을 갖는 국제법.

아이들의 권리에 관해서는 여러 나라의 국내법에서 다루고 있다. 일본에서는 일본국 헌법의 이념을 담은 '아동 헌장'(1951년 5월 5일)이 있고, 그 제1항에 "아동은 사람으로서 존중된다"라고 말하고 있다. 또 전문에서 말하는 것처럼 제네바 선언이라고 불리는 1924년 '아이들의 권리선언'과 1959년 '아이들의 권리선언'이 알려져 있다. 이 조문은 이러한 국내법 및 국제법이 아이들의 권리를 한층 더 실현하려고 할 때 '아이들의 권리협약'이 그 협약의 발목을 잡아서는 안 된다고 말한다.

이 마지막 조문에서는 인간으로서 아이들의 권리 실현을 위해 우리의 결의를 적은 것이라고 할 수 있다. 기존의 법과 현 협약, 그 밖의 모든 가능한 방법을 이용해 아이의 존엄을 소중히 하려는 부름이다.

학교에서 왕따 문제가 큰 화제가 되었다. 도대체 우리는 아이의 세계를 어떻게 만든 것일까? 어른이 아이와의 관계에서 확실히 잘못을 저질렀기 때문이다. 아이가 어른에게서 배운 타인과의 관계를 맺는 방법에 문제가 있었던 것이다. 이러한 의식을 바꾸기 위해서 지혜를 모으지 않으면 안 된다.

학교의 일상이 되어버린 왕따 현상의 배경에는 끊이지 않는 경쟁과 그것에서 파생되는 '나는 안 되는 사람이야', '나는 이 세상이 받아들여주지 않아. 환영받지 못하는 존재야'라는 감정이 매몰되어 있다.

경쟁에서 이겨 최고가 되어도 벗어날 수 없다. 성공한 사람에 대한 다른 사람들의 질시와 최고의 위치에서 언제 떨어질지도 모르는 불안 때문에 더 심한 스트레스에 노출된다. '모두'라고 해도 지나치지 않을 정도로 아이들 대부분이 '너는 있는 그대로 멋있는 아이'라는 말을 듣지 못한다.

한 여학생이 '나는 나! 엄마의 인형이 아니야'라는 마음으로 부모가 원하는 것과 달리 통신고등학교를 선택했다. 겉으로는 건강하게 보이는 여학생은 사실 부모의 바람대로 하지 않았다는 죄책감에 시달린다고 했다. 아이한테 그렇게 고통을 줘서 좋을 것이 없다. 어른, 특히 부모는 아이들을 지배하는 것을 그만두고 있는 그대로 아이를 좋아하도록 노력해야 한다. 아이 스스로 '나는 태어나서 좋아. 있는 그대로의 내가 받아들여지니까'라고 생각해야 하는 것이다.

'특히 부모는'이라고 한 것은 부모가 있는 곳, 즉 아이의 집은 아이의 최후의 장소이기 때문이다. 학교는 집에서 나와서 가는 곳, 친구의 세계도 나와서 가는 곳, 그 밖의 여러 장소에 아이는 모험을 하러 간다. 하지만 상처 입거나 지쳐서 돌아오는 것이 집이다. 집이 별로 쾌적하지 않아도, 가족이 따뜻하게 맞아주지 않아도 어쩔 수 없다. 적어도 쉴 수 있는 곳, 있는 그대로 있을 수 있는 곳이 아니면 아이가 디딜 발판이 없을 것이다.

어린 시절부터 계속 왕따를 당한 소녀가 있었다. 심한 아토피성 피부염 때문이었다.

"더럽다고 놀림 받아 죽고 싶을 정도로 힘들었지만, 부모님이 저를 소중하게 대해주었기 때문에 괜찮았어요."

그 시절을 회상하며 소녀가 말했다. 그 이야기를 듣고는 따돌림을 받아 스스로 생명을 끊는 아이는 마지막 순간까지 부모에게마저도 거부당하지 않았을까 하는 생각을 해본다. 친구, 교사, 부모, 모든 사람에게서 거부당해 살아갈 자격이 없다고 깊이 절망하며 아이가 죽어간다는 것은 너무나 힘든 이야기다.

하지만 문제를 부모에게만 돌리는 것은 잘못이다. 아이는 사회 속에서 커가는 것이다. 아이는 아직 스스로에게 자신이 없기 때문에 세상의 시선에 따라 그 감정이 달라진다. 독일 사회의 모습을 한번 살펴보자. 독일은 아이를 엄하게 가르치는 것으로 알려져 있지만, 한편으로는 아이를 매우 귀여워하는 사회이다. 어떤 가게에서 쇼핑을 하더라도 아이에게는 반드시 뭔가 조금씩 주는 습관이 있다. 예를 들어 정육점에서는 작은 소시지 조각을 카운터 너머로 주거나 제과점에서는 작은 사탕 하나를 가볍게 주는 식이다. 이때 정육점 아저씨나 제과점 아줌마는 아이에게 방긋 웃어주거나 살짝 윙크를 한다. 그리고 아이들도 꼭 웃음으로 답한다. 어디서나 흔히 이 광경을 볼 수 있다. 그 대신 아이가 장난을 하면 누구라도 엄하게 꾸중을 한다.

어른들이 아이가 좋다는 메시지를 이런 식으로 보내고 마음을 표현하는 습관을 갖고 있는 사회가 유럽 사회이다. 거기에는 아이가 '나는 받아들여지고 있다'라는 마음을 가지기를 바라는 어른의 소망이 담겨 있다. 꾸중을 많이 듣는 아이에게는 조금 어리광부리는 분위기를 만들어 기본적으로는 호의로 아이를 감싸준다. 개인주의가 철저한 유럽과 미국 사회의 인간관계는 기본적으로 냉정하기 때문에 아이에게도 똑같이 적용한다. 하지만 한편으로는 이런 균형을 잡고 있는 것이 사회의 지혜라고 말할 수 있다.

아이를 사랑하고 응원하는 사회의 지혜나 습관은 지금의 일본 사회에서는 부족하다. 돈과 경쟁의 논리에 아이를 상품을 대하듯 값어치로 매기는 시선에 노출되어 있는 것이 일본 사회다. 이러한 문제를 해결하기 위해서 아이와 어른의 관계, 사람과 사람의 관계를 잇는 지혜와 아이를 있는 그대로 받아들이는 예의를 조상의 유산 속에서 찾아볼 필요가 있다.

우리 조상이 언제부터인가 사용한 말 가운데 '연緣'이 있다. 불교의 용어가 일상에 녹아든 말로 누구와의 연 그리고 부모 자식의 연, 즉 사람들 사이에 맺어지는 인연을 의미한다. 그래서 나는 '연'이라는 옛말을 기반으로 해서 '만남'이라는 단어를 제안한다. 왜 '만남'이냐면 '연'에는 혈연처럼 가족제도나 족벌 같은 생각이 엮여 있기 때문이다. 그 의식의 근본이 차별이었다는 것을 우리 역사에서도 쉽게 인식할 수 있고, 지연地緣처럼 우두머리가 지배하는 기운이 느껴지기도 하기 때문이다.

우리 주변에는 여러 명의 아이가 있다. 아이를 좋아하는 사람 주변에는 아이들이 많을 것이고, 그렇지 않은 사람 주변에는 아이들이 적을 것이다. 하지만 아이는 우리 모두의 곁을 지나쳐간다. 자신의 아이, 근처에 사는 아이, 친구의 아이, 전철에 탔을 때 만났던 아이를 이 넓은 지구 가운데 왜 여기서 만났는지를 생각해보면 보통 인연이 아닌 것이다. 이것은 내 아이에게도 마찬가지다. 기를 쓰지 않아도 충분히 설득력이 있다. 사람과 사람의 만남이 이어지는 것에 대한 경이와 아름다움, 조심스러움을 담은 문화유산으로서의 사상과 언어이다. 이것에 생명을 불어넣어 사람의 관계를 키우는 하나의 가치기준으로 삼았으면 하는 바람이다.

인연은 함부로 할 수 없다. 그리고 인연은 기쁘고 때론 힘들어도 인연은 끊을 수 없다. 절연絶緣은 불행을 말한다.

인연을 키우는 것이 살아가는 힘이 된다. 인연을 만드는 것은 살아가는 재미이다. 우리는 왜 이런 생각을 공유하지 못하는 것일까?

아이와 어른은 한 가족으로 만나고 학교에서 만나며, 지역과 마을에서도 만난다. 아이와의 인연은 가장 소중하고 최우선이라는 생각이 새로운 도덕으로서 사회의 바탕이 된다면, 아이가 조금은 편해지지 않을까? 그것은 아이의 응석을 받아주는 것이 아니라 관계의 소중함과 엄격함을 아이 세대에 전해주는 일이 될 것이다.

살아 있다는 것이 반드시 나쁜 것은 아니다. 아이도 어른도 그렇게 생각하고 살아갔으면 한다. 특히 아이에게는 그런 확신이 필요하다. 그러한 토양 위에서 '아이들의 권리'는 새싹을 피우고 자라나서 미래가 열리는 것이다.

제2부

어머니의 권리를 생각하다

'어머니' 라는 무거운 자격

"아이의 권리는 알겠는데 제 권리는 어떻게 되나요?"

어린아이가 있는 여성, 즉 젊은 엄마가 내게 물었다. 그의 말처럼 여기서는 '어머니'의 위치에 대해서 천천히 살펴보자. '아이의 권리'가 '아이님의 권리'나 '아이에게 시중드는 어머니'라는 잘못된 관계를 만들어서는 안 된다. 그로 인해 아이를 위한 이익은 고사하고 오히려 더 큰 손실을 초래할 수 있기 때문이다.

아이들의 권리를 말하기 전에 어른들은 '자기 자신'이 갖고 있는 문제를 먼저 해결해야 한다. 아이와 함께 사는 '어머니'들이 스스로 납득하지 못한 채 지낸다면 아이도 안심하며 지낼 수 없다. 사실 '어머니'들은 자신을 둘러싼 여러 문제를 알고 있다. 하지만 바쁜 하루하루에 쫓겨 문제를 체감해도 제대로 돌아볼 여유조차 없다.

그래서 자신의 내면에서부터 끓어오르는 초조함을 이기지 못해서 아이를 학대하는 일들이 일어나는 것이 아닐까? 여기서는 어머니의 권리를 '일할 권리'에 초점을 맞춰서 이야기하려고 한다.

'어머니'라고 멋있게 작은따옴표로 묶었는데, 여기에는 이유가 있다. 어머니라는 말과 개념은 때와 장소에 따라 그 시대를 지배하는 힘을 가진 사람들의 입장에서 그 의도가 얽혀 있는 것이다. 어머니는 대지大地, 어머니는 태양, 어머니는 바다, 어머니는 고향, 후방銃後의 어머니, 여자는 약하지만 어머니는 강하다, 너 엄마잖아, 엄마답지 않다 등으로 말이다.[1] '가장 아름답다고 생각하는 말을 적으세요'라는 질문에서도 대체로 '어머니'라고 답한다. '어머니'는 정말로 긍정적인 이미지이고, 그 이미지를 배신하지 않으면서 무슨 일이든지 참아내는 것을 '어머니'에게 강요했다.

하지만 "어머니를 그렇게 치켜세우지 마요. 기분 나빠. 단시 한 명의 여자일 뿐이에요"라고 말한 사람이 있었다. 나도 그 기분은 잘 안다. 지나치게 과한 칭찬에는 누구라도 조심해야 한다. "저도 그냥 인간이지 관음보살이 아니에요", "어머니라고 칭찬하는 게 수상해요. 좀 봐줘요"라며 다시 한번 생각해보아야 한다. 그 말 속에서는 어머니를 구속하는 다양한 기제들이 도사리고 있다.

어쨌든 '어머니'에 얽매이지 않고 '자신'으로 살아가는 것은 여자에게 꽤나 힘든 일이다. '어머니'에 푹 빠져 있으면 '자신'은 어딘가로 사라져버린다. '누구의 엄마', '누구의 어머니'처럼 말이다. 이토 마사코伊藤雅子의 《어머니의 대사女のせりふ》에 '여자에게는 이름이란 게 필요 없네요'라는 제목이

1) '후방의 어머니'는 전쟁터에 나갈 수 없기 때문에 뒤에서 자식을 든든히 지킨다는 의미이다.-옮긴이.

있는데, 그는 여기서 여자는 이름을 버리고 어떤 열매를 맺는지를 적고 있다.

'어머니'라는 처지는 꽤나 성가시다. 자신의 삶을 사는 것은 '어머니'와의 싸움, '어머니'로 사는 것은 아이와의 싸움으로 어느 쪽도 편하지 않다. 그리고 아이의 인생을 자신을 위해 이용하려고 하는 어머니 삶의 공식은 슬프다. 그래서 나는 '어머니'라는 단어에 작은따옴표를 붙인다. '어머니'의 지위를 표현하는 데 신경 쓸 수밖에 없기 때문이다.

'권리' 의 빛과 그림자

'어머니'에 들어가기 전에 우선 '권리'를 조금 짚어보자. 이것도 간단하게 사용할 수 없어 '따옴표'를 붙였다. 조금은 지나치다고 할지 모르겠지만, 약 30년 전에 '어머니'에게 구애받기 시작한 것을 계기로 이것저것에 구애받는 버릇 때문인지도 모른다.

사실 '권리'라는 말이 상대방과 관계를 끊는 느낌이 있어 개인적으로는 별로 좋아하지 않는다. 서로 무엇인가로 실랑이를 벌이고 있을 때 '그건 내 권리니까'라고 하면 논의할 필요성이 없어진다. 즉 아주 차가운 여운을 갖고 있는 말이다. 그래서 실제 생활에서도 이 말을 거의 사용하지 않는다. 불가피하게 사용할 때는 '권리라고 말하면 좀 그렇지만'이라거나 '권리라고 하는 말은 좋아하지 않지만' 같은 전제를 둔다.

나에게 가장 소중한 것은 '사람과 사람의 관계'이지, '개인의 권리'가 아니다. 이상하다고 생각하는 것을 "이상해요"라고 말하거나 "알았어" 또는 "그렇게 하자"에 시간을 들여 도달하는 과정과 그 관계를 중요하다고 생각한다. 그런 관계가 만들어질 때 '권리'라는 말은 필요 없다. '권리'라고 말해버리면 거기서부터 더 나아가지 않고 무뚝뚝한 관계로 끝나버리는 듯한 느낌이 들기 때문이다. 그런데 어째서 '권리'라는 주제를 여기서 다루었는가 하면 납득되지 않는 상황을 바꾸기 위해서는 역시 무시할 수 없는 말이기 때문이다. 앞에서 관계야말로 소중하다고 말했지만, 관계를 전개하는 것 자체가 곤란한 곳에 놓인 사람이 사용할 수밖에 없는 말이기도 하다.

여성의 경우를 살펴보자. 남성 중심의 사회가 오랫동안 지속된 유럽에서 '여성도 인간이다'라는 '권리'를 처음으로 체계적으로 수립한 사람이 18세기 영국의 여권 신장론자 메리 울스턴크래프트Mary Wollstonecraft이다.

여성의 교육적·사회적 평등을 부르짖은 그는 《여성의 권리옹호*A Vindication of the Rights of Woman*》(1792)에서 여성이 태생적으로 남성에 비해 열등하지 않다며 여성의 자각을 호소했다. 이것이 18세기 말의 일이다. 그로부터 200년 동안 여성과 남성은 서로 관계를 둘러싸고 다양한 전개가 지속되었고, 이 관계를 평등하게 만드는 계기를 만든 말이 '권리'였다. 여성을 남성의 도구나 누군가의 소유물이 아니라 한 인간이라고 말할 때 이 말이 필요했던 것이다. 즉 '여자는 의견을 말로 하는 게 아니다'라는 생각이 지배했던 남성 중심의 세상에서 그 말은 '의견을 말할 권리가 없다'라는 의미였다. '하지만 나는 의견을 말할 권리가 있다'라고 하는 표현은 관계 속에서 매우 자연스러운 것이다.

이 경우 권리라는 말과 개념은 관계를 보조하는 것이다.

먼저 '개인의 권리'보다도 '사람과 사람의 관계에서 일을 해결해나가는 방법이 중요하다'라고 말했다. 하지만 여성의 세계는 실로 '관계'가 넘쳐나는 반면에 '개인'이나 '권리'는 너무 빈약하다. 왜냐하면 언제나 배려하는 관계를 여자에게 요구했기 때문이다. '배려 깊은 여자'는 최고의 칭찬이고, '배려 없는 여자'는 험담이 되는 것처럼 말이다.

'저는'이라고 자신을 주어로 하는 말이 필요한 것은 '권리'라는 말로 숨기 쉬운 자신의 마음을 다시 다잡기 때문이다. 그래서 '권리'는 쉽게 버리지 못하는 말이며, '권리는 관계의 첫걸음'인 것이다. 사람과 사람의 주고받음, 즉 관계가 지속적으로 전개되지 않으면 권리는 인간을 풍요롭게 하지 않는다. 권리라는 말과 개념은 관계를 끊는 작용과 따로 떼어낼 수 없다고 했다. 그러므로 권리 감각이나 의식은 외로움의 첫걸음이 될 위험이 있다. 그렇기에 걸어가는 방향을 절대로 틀리면 안 된다.

여자의 권리와 아이의 권리는 따로따로 있어서는 아무것도 되지 않는다. 그렇다고 '관계'로 일관하는 것도 아직 안 된다. 개인의 권리를 갖지 못한 약한 입장에서의 관계는 결과적으로 피지배의 다른 이름이 되어버리기 때문이다.

'어머니'는 왜 직업이 없는가

'어머니'가 일을 갖는 것이 왜 토론의 주제가 되는 걸까? 한 사람으로서 일하고 싶다는 생각을 하고, 일을 하는 것은 당연하다. 일한다는 것은 그때의 사회, 즉 한 시대를 살아가는 책무다. 땅을 일구고 사냥해서 살아가던 시대에는 그 생산 수단에 맞는 일을 했다. 인간은 먹기 위해서 무엇을 해야 하는지 일을 통해 알았다. 굳이 말하면 일하는 것은 세상을 아는 것이기도 하다.

일한다는 것은 또 사람과의 만남을 잇는 것을 의미한다. 일은 반드시 세상과 이어져 있기 때문이다. 좋아하는 것과 상관없이 다양한 사람들과 만난다. 그 또한 사회를 살아가는 것의 일부다.

지금의 사회에서 일은 돈을 버는 수단이다. 돈이 생계 방법이 되었기 때문이다. 일이 모순투성이의 노동이 되어버린 것은 분명하지만, 세상이 돈으로 움직이고 있는 사실을 부정할 수 없다. 전화를 걸려고 해도, 버스를 타려고 해도, 채소를 사려고 해도, 심지어 물을 먹으려고 해도 말이다.

'주부'라는 여성의 대부분은 일하는 것을 고민한다. 그리고 '어머니'는 그 점에서 가장 고민하는 사람들이다. 일하지 않고 집 안에서 생활하는 여자들의 공통된 말은 '사회에서 떨어져나가 버림받은 것 같다'라는 것이다. 사실 맞는 말이기도 하다.

이런 상태는 무척 힘든 것이다. 나는 지금까지 일을 해서 어떻게든지 세상과 이어왔지만, 큰애를 출산한 뒤 6개월 가까이 일을 아예 그만두었던 적이 있다. 그때 내 안에서 '인연이 끊긴 실'이라는 말이 떠올랐던 것을 기억한다.

작은 일이라도 인간은 사회와 연결되어 있다. 그러므로 '작은 일'을 인식하는 자체가 세상 속에서 자신의 위치를 아는 것이다. 그런 의미에서 일은 인간을 사회와 연결시키는 하나의 실이라고 할 수 있다. 그 실을 갖고 있지 않은 상태에서 인간은 아주 힘들다. 만약 일하는 것을 당연다고 여기는 남자들이 그 상태를 체험한다면 여자보다 더 심한 고통과 불안정한 감정을 느낄 것이다. 같은 인간인 여자도 정도의 차이는 있을지라도 그 바탕은 같은 것이다. 하지만 현실에서는 대부분 무시되고 있다.

〈아사히신문〉 1995년 6월 29일자 기사에서 '나는 지금 무엇을 하고 있지?'라는 제목의 글을 읽었는데, 생후 3개월 아이를 둔 스물일곱 살의 한 '어머니'가 투고한 글이었다.

"아이도 귀엽고 딱히 큰 걱정거리도 없는데, 요즘 저는 무기력해져 집안일이 손에 잡히지 않습니다. 그리고 너무나 심심합니다. 일을 하고 있는 것도 아니고, 급히 해야 할 집안일도 없습니다. 그렇다면 저는 계속 퇴보하고 있는 것일까요? 아침에 겨우 일어나서 아침식사를 준비합니다. 남편도 일어난 직후라 식욕이 없어 수저를 조금 대는 정도이기 때문에 저 역시 '어차피 거의 먹지 않겠지'라고 생각하며 대충합니다. 하나를 보면 열을 안다고, 요즘 무엇을 해도 대충입니다. 관심이나 감동도 적어 '정말 재미없네'라는 불평만 늘어놓고 있습니다. 뭔가 시작하자, 밖에 나가자, 친구에게 편지를 써보자…… 여러 가지를 시도해보려고 합니다. 앞으로의 인생을 하루 세끼 먹고 낮잠 자는 걸로 나이를 먹을 수는 없습니다. 몇 년 전까지는 야근을 해도 일이 재미있고, 수면 부족이나 불만도 참았던 저는 누구였을까요? 저는 지금 무엇을 하고 있는 것일까요?"

이 글에서는 어머니들이 실제로 어떤 생활을 하고 있는지, 그리고 그것을 어떻게 느끼고 있는지를 엿볼 수 있다.

하지만 "복에 겨운 소리하네. 지구상에는 한 끼도 제대로 먹지 못하고 살아가는 사람도 있는데, 하루 세끼에 낮잠 잘 수 있는 생활을 푸념하다니……. 거기에 귀여운 아이도 있잖아. 여자가 제멋대로인 것도 적당히 해야지"라고 하는 사람도 있을 것이다.

"부럽다. 아이와 하루 종일 느긋하게 보낼 수 있다니. 뭐가 그리 불만이야?"라고 말하는 남편을 한탄하는 '어머니'들도 자주 만난다. 하지만 만약 그것이 남편의 본심이라면 그들은 왜 그렇게 하지 않을까? 남편들도 사실은 그것이 말처럼 기쁘지 않고 정신적으로도 상당히 힘든 생활이라는 사실을 알고 있다. 단지 자신들의 일이 아니기에 그 문제를 대면하려고 하지 않을 뿐이다.

'어머니'들의 이런 감정은 오랫동안 말하지 못한 채 지금까지 이어져 왔다. 일하는 것은 세상을 살아가는 권리다. 하지만 단순히 살아가는 권리로 말한다면, 그것은 확실히 굶지 않을 권리다. 가장 기본적으로 먹고 자는 것이다. 그러므로 세상을 살고 싶다고 생각하는 것은 곧 일을 하고 싶다는 것이고, 또 '한 명의 인간으로 살고 싶다'라는 것이다.

일은 세상과 연결되어 있다

몇 세대 전까지만 해도 여자가 일하는 것이 매우 자연스러웠다. 아이나 노인 모두가 힘을 모아 각자의 일을 해야만 먹는 것이 해결되었던 시대로, 누구라도 일을 하면서 살아가지 않으면 안 되었던 사회였다.

아이를 낳고도 여자가 일하는 일상 자체는 크게 변하지 않았다. 하지만 생산이나 노동 외에도 아이를 돌보거나 집안일까지 더해져서 여자의 일상은 매우 가혹해졌다. 이는 '남자가 위, 여자는 아래'라는 유교적인 성차별 때문이다. 그 성차별은 현대에서 여자는 일을 하지 않고 집에만 있는 것으로 고착화되었다. 과중한 노동에 신음하는 여자나 할 일이 없는 여자도 똑같은 차별을 받고 있는 것이다.

지금 일하려고 하는 어머니들에게 다음과 같은 말을 하는 경우가 있다.

"남편의 수입만으로도 생활이 충분한데, 사치 부리기 위해 아이를 내버려두고 돈을 벌려는 것은 어머니가 너무 제멋대로 구는 것이다." 그리고 다음과 같은 말도 있다. "지금의 노동은 그 사람의 시간과 에너지를 파는 것이다. 거기에 노출되는 것은 남자만으로 충분하다. 일을 하지 않아도 된다면, 여자는 지역활동이나 봉사활동 같은 유익한 일을 하는 것이 바람직하다. 그것이 자신을 위하는 일이자 세상을 위하는 일이다."

이것은 아내가 남편한테 자주 듣는 말이기도 하다. 그런데도 여자들의 가슴속에는 무언가 응어리가 있는 것을 느낀다.

그러면 남편은 왜 일을 줄이려고 하지 않는가? 왜 지역과 집으로 돌아오지 않을까? '여자와 일', '아이를 돌보는 것과 일' 같은 주제의 책들이 서점에서 늘어나고 있고, 매년 그런 종류의 강좌에 어머니들이 많이 모이고 있다. 일하는 것이 세상과 연결되어 있다는 것을 느끼기 때문이고 그것이 생활의 기본이기 때문이다. 여기서 중요한 점은 '어머니'가 일하는 것을 당연하게 여기는 환경 속에서 자연스러운 첫걸음을 내딛는 것이다.

전문가의 무서운 영향력

'어머니'들이 '집에 있는 것이 너를 위한 거야'라는 메시지가 팽배하고 있다. 어떤 지인은 아이가 집에 있는 동안에는 절대로 외출을 하지 않으려 한다고 했다. 아이가 열 살이 넘었는데도 말이다.

그녀가 말했다.

"아이가 집에 있는데 엄마가 외출해서 집에 없을 때 무슨 일이 일어났다는 말을 듣는 게 싫었으니까. 아이가 그것을 바라고 있지는 않지만……."

요점은 어머니가 집에 있었다는 알리바이가 필요했던 것이다. 그리고 세상은 '어머니'에게 그렇게 압력을 가하고 있다.

땅에 발을 딛고 살려는 바람과 어려움을 각오하고 일을 하려는 '어머니'도 많지만, 그것을 방해하는 요인도 적지 않다. '가족에게 폐를 끼치지 않는다면', '아이가 불쌍하다' 같은 말과 생각은 한 명의 아군조차 없이 고립된 채 고민만 계속하게끔 만들었다.

결정적인 것은 '전문가'의 말인데, 전문가는 정말 무섭다. 전문가의 말은 아무것도 보이지 않는 상태에서 물이 지면에 천천히 흡수되듯이 사람들의 의식에 스며들기 때문이다. 전문가의 말은 여러 형태로 이용되어왔다. 그러므로 나는 지금도 일하고 있는 '어머니'나 일하고 싶다고 바라는 '어머니'에게 쓸모 있는 말을 하는 존재가 되었으면 하는 바람이다.

'어머니'를 묶는 세 개의 방

젊은 어머니들을 위한 문화센터 강좌에서 주로 받는 대표적인 질문이 세 가지가 있다.

첫째는 '세 살까지는 어머니의 손에서'라는 이야기가 어떤 근거가 있는지에 대해서다. 둘째, '인간의 성격은 유아기의 모자母子 관계에서 결정된다'라고 하는데 정말로 그런 것일까 하는 질문이다. 셋째, 아이가 학교에서 돌아왔을 때 어머니가 집에 있으면서 아이를 맞이해야 한다는데, 그것이 왜 그렇게 강조되는가 하는 것이다.

이 세 가지 질문을 나는 '어머니'에게 걸린 세 개의 주술 또는 주문이라고 부른다. '어머니'들이 한 사람으로서 일을 하며 살아가려고 할 때, 그 발을 묶고 마음을 옭아매는 말이기 때문이다.

'어머니'란 한편으로 떠받들어지는 존재이고, 다른 한편으로는 협박을 받는 존재다. 아이에게 무슨 일이라도 생기면 모두 '어머니'의 탓이 된다. 말도 안 되는 일이라고 생각하지만 전문가도 그렇게 말하고 있을 정도다.

초등학교에 다니는 한 아이가 학교에 가지 않자 그 아이의 어머니는 학교의 교육센터에서 상담을 했다.

"어릴 때 충분히 상담을 했나요? 아니면 일을 하고 있었나요?"

"아니요, 아이와 늘 함께 지냈습니다만……."

"아이를 다른 곳에 맡겼거나 오랫동안 떨어진 적이 있습니까?"

"그러고 보니 두 살 때쯤 제가 아파서 2주 정도 할머니한테 맡긴 적이 있습니다."

그때 상담원이 고개를 끄덕이면서 "그거네요"라며 결론지었다.

"설마, 이상하다는 생각은 했지만"이라고 어머니는 말하면서도 그런 주장이 근거가 있는 것인지 하는 의구심과 함께 마음이 한구석이 찜찜했다고 한다.

'어머니' 역할은 정말 수지가 안 맞는다. 여성이 아이를 출산하지 않고 자신의 즐거움만을 쫓는다면 나라를 좌지우지하는 사람들은 한탄을 하겠지만, 젊은 여성은 아이를 낳는 것이 무섭다, 키울 자신이 없다고 한다. 사실 아이는 각자 스스로 자라는데, '어머니'의 책임이 불필요하게 강조됨으로써 여성이 불안감을 느끼기 때문이다. 지금은 '어머니'의 신화나 환상에서 벗어나 한 명의 인간으로 살아가야 할 때인 것이다.

세 살 신화를 뛰어넘다

"세 살 버릇 여든까지 간다"라는 속담만큼 아이를 키우는 데 영향을 미친 것도 아마 없을 것이다. 이 속담이 '부모의 마음'을 노린 상품처럼 정말로 편리하고 효과적이어서 지나치게 사용되어 '어머니'들의 의식을 완전히 지배해버렸다. 그리고 이 속담은 '세 살까지는 어머니의 손에서'라는 말과 함께 어머니들한테 조기교육을 보급시키는 현상을 초래했다.

먼저 이 속담의 의미부터 생각해보자. '세 살 버릇 여든까지'를 연령대에 따라 다른 의미로 해석할 수 있다. 40대 중반 이상의 윗세대는 태어날 때부터 가지고 나온 성품은 좀처럼 변하지 않는다는 의미로 받아들인다. 그런데 20대와 30대는 인간은 세 살까지의 교육으로 결정된다는 의견이 압도적이다. 지난 30년 동안 아이의 교육이나 인간에 대한 인식의 변화가 점차 변해왔다는 것을 알 수 있다. 사람의 일생을 단순하게 '성공'이나 '실패'로 나누려는 생각이 지배해버렸기 때문이다.

속담의 의미가 시대와 함께 변한다는 것은 그리 신기한 일이 아니다. 속담은 시대의 인간관이나 가치관을 반영하는 생물과 같은 존재이기 때문이다. 하지만 이 속담만큼 현대 사회에서 변질되어 깊이 침투했던 예도 그리 흔치 않다. 메시지를 보내는 쪽의 강한 의지가 받아들이는 쪽의 민감한 상태에 딱 들어맞았다고 할 수 있다.

아이 키우기가 어머니의 일이라고 메시지를 보내는 쪽은 이 속담을 효과적으로 활용하고 있다. 그리고 받는 쪽도 조상 때부터 전해졌다는 말에 불만 없이 설득되어버린다.

'세 살까지가 중요하니까 어머니 힘내세요'라는 종류의 메시지는 어떤 경로로 들려오는 것일까? 육아서적, 대중매체, 입소문 등 다양하다. 그중에서도 가장 큰 영향력을 행사하는 것은 출산 직후 산부인과나 보건소에서 새로운 엄마들에게 나눠주는 책자다. 나도 경험했지만, 아이를 막 얻은 부모만큼 아이 키우는 방법에 관련된 정보를 진지하게 흡수하려는 존재는 없다. 따라서 병원이나 보건소에서 배포하는 인쇄물은 반드시 한 번쯤은 읽는다. 바로 이것이 '세 살 신화'를 만들어내는 공장이나 다름없는 것이다.

예를 하나 들어보자. 도쿄의 한 지역보건소에서 부모에게 배포하는 '세 살 아이의 건강'이라는 책자의 내용 중 한 구절이다.

"세 살인 아이는 키우는 방법에 따라 좋은 쪽이든 나쁜 쪽이든 변해버린다. …… 세 살인 아이의 정서와 신체의 양육이 얼마나 소중한지 '세 살 버릇 여든까지'라고 하는 오래전부터 내려온 속담이 이것을 잘 나타낸다."

이러한 고전 속담처럼 과학적 견해도 '반드시'라고 해도 좋을 정도로 인용되고 있다. 한 심리학자는 《처음 어머니가 된 사람에게》라는 책에서 다음과 같이 말했다.

"아이가 원만한 인격으로 성장하거나 비뚤어진 사나운 성격으로 성장하는 것은 어릴 때의 모자관계에 의해 결정된다. 그리고 원숭이를 이용한 동물실험으로 잘 알 수 있듯이 아이가 성장해서 부모를 대하는 태도는 갓난아기 때부터 싹튼다."

조금 비약이 심한 이야기라고 느끼는 어머니들도 '과학적 근거'와 '오래전부터 내려온 말'이라는 공격에 꼼짝을 못한다. 이 동물실험은 심리학자 해리 할로우Harry F. Harlow가 1960년대에 진행한 것이다. 원숭이와 인간의 생활은 크게 다른데 그것을 인간의 삶에 그대로 대입하는 것은 바람직하지 않다. 하지만 이 실험결과는 여전히 다양한 곳에서 자주 인용한다.

한 젊은 어머니는 "세 살까지의 시기가 무엇인지는 잘 모르겠지만, 어찌되었든 불가사의한 영역이라는 느낌이 들어요"라고 했다. 그런 시선으로 아이를 바라보는 것은 아이에게도 결코 기분 좋은 일이 아니다. 그러므로 먼저 '세 살 버릇 여든까지'라는 주문에서 자유로워지기 위해서는 조금 더 배경을 살펴볼 필요가 있다.

특색과 교육

'세 살 버릇 여든까지'라는 속담을 사전에서는 '어릴 때의 성질은 노년까지 바뀌지 않는 것의 비유'라고 설명한다. '어릴 때의 성질'은 '원래 가지고 태어났다'와 '어릴 때 형성되었다'는 두 가지 의미가 포함되어 있다. 현재 해석되는 것처럼 후자의 의미만 있는 것이 아니다.

코지마 켄시로小嶋 謙四郎라는 심리학자가 두 가지 의미를 에도시대의 일화에서 설명한다. 하나는 에도시대의 어떤 책 속에 남의 물건을 훔치는 버릇이 있는 아이의 이야기가 나오는데, '태어나면서 가지고 있는 성격은 바뀌지 않는다'라는 의미로 이 속담이 사용되었다고 했다.

다른 하나는 시키테이 산바式亭三馬의 《우키요부로浮世風呂》에 나오는 구절이다.

"'세 살 버릇 여든까지'라는 비유처럼 어렸을 때부터 제멋대로 하도록 길렀으니 커서도 하룻강아지 범 무서운 줄 모른다."

이는 현대에서 '어렸을 때 키우는 법'의 의미에 해당한다.

여기서 재미있는 사실은 둘 다 사람을 비난할 때도 이 속담을 사용한다는 것이다. '원래부터 나빴다', '엉망으로 애를 키웠으니까', '원래부터 나빴으니까 어쩔 수 없어'처럼 욕을 하는 느낌이었다.

'갖고 태어난 성질'이라는 원래 속담의 의미는 대부분 사라져버리고 지금은 '바르게 훌륭하게 키우자'라는 의미로 사용한다. 그래서 '이 아이는 이런 성격이야'라고 아이를 함부로 꾸짖으면 안 된다. 그렇지만 나는 '아이는 한 명 한 명이 각각의 특색을 갖고 있다'라는 의미로서 이 속담을 되살리고 싶다. 왜냐하면 지나치게 '키우는 법'에만 집착함으로써 '가지고 태어난 성질'이 없어져버렸기 때문이다.

앞서도 부분적으로 다루었지만 아이와 사귈 때 아이를 보는 시각은 크게 두 가지로 나타난다. 하나는 '가르치고 기를 대상자'로서의 아이고, 다른 하나는 '스스로 커가는 주체자'로서의 아이다. '세 살 버릇 여든까지'라는 속담도 예전에는 이처럼 두 가지 시각을 포함하는 폭넓은 인간관이었을 것이다. 하지만 그것은 '아이는 어른의 뜻대로 키워진다'라는 잘못된 시각이 퍼지는 과정에서 '세 살까지의 교육이 사람의 일생을 결정한다'라는 잘못된 의미로 한정되어버린 것이다.

둘 이상의 아이를 둔 부모라면 짐작하겠지만, 같은 부모에게서 태어나고 같은 가정환경에서 자라나더라도 아이들은 다른 특색을 보인다. 가만히 앉아서 바라보는 아이, 계속 뛰어다니며 무엇이든지 건드리려고 하는 아이, 잘 먹지 않는 아이와 잘 먹는 아이, 사람을 잘 따르는 아이와 낯을 가리는 아이 등 같은 배 속에서 태어난 쌍둥이조차도 서로 다르다.

물론 첫째와 둘째가 자라난 환경적 영향으로 차이가 있다고 할 수 있다. 하지만 부모는 그전에 그 아이가 처음부터 가지고 태어난 개성이 있다는 것도 알고 있다. 그리고 아이는 부모가 어떻게든 만들려고 하는 바람에 강하게 저항하며 아이 자신으로 남아 있으려고 한다. 그것은 아이가 물건 같은 무생물이 아니라 하나의 살아 있는 생명체라는 증거다. 그리고 부모는 자신의 야망이 깨지고 부서지는 순간 아이에게서 해방되는 것이다.

"어릴 때부터 강한 성격이었는데 열다섯 살이 되어서도 변하지 않았네. 정말 '세 살 버릇 여든까지'라는 말이 맞네"라는 유연성으로 '아이가 갖고 있는 것'을 존중해주고 싶다.

아이는 스스로 크고 바꾸는 힘이 있다는 시선으로 아이를 바라보면, '유아기의 부모와 관계가 결정적' 같은 부모의 어깨에 들어간 힘도 풀릴 것이다. 아이는 백지상태로 태어나서 부모가 무엇인가를 써나가는 것이 아니라, 한 권의 책인 아이를 부모가 기쁘게 읽어나가는 것이 좋지 않을까? 그렇다면 '어머니'도 세상과 연결되어 일을 하고 싶다는 생각을 억누르지 않으면서 솔직하게 자신의 인생을 살기 시작할 것이다. 아이가 스스로 성장할 권리와 어머니의 자연스러운 삶이 중요시될 권리가 서로서로 연결되어 있는 것이다.

대중매체의 압력

이제 두 번째 주문인 '인간의 성격은 어렸을 때의 모자母子 관계에 의해 결정된다'라는 표현에 대해 살펴보자. 이것은 첫 번째 '세 살까지는 어머니의 손에서'와 많이 겹친다.

"뭐든지 어머니의 책임으로 하지 않았으면 해"라고 말하는 사람이 있다. "하지만 어머니란 그 정도로 중요한 존재야"라고 다른 사람이 이어서 말했다. 이렇듯 강요당하거나 위협받으면서도 떠받드는 존재가 '어머니'이다.

'어렸을 때의 모자 관계가 중요하다'라는 것은 최근에 더욱 강화되었다. 이제는 아이가 출생하기도 전인 태아기까지 거슬러 올라가고 있을 정도다. 대중매체조차도 '어머니와 아이의 유대'라는 주제에 집착하면서 널리 알리는 역할을 하고 있다. 예를 들어 〈아사히신문〉 1986년 10월 25일자에서는 '한 살 반부터 마음의 병 발견'이라는 제목에서 후생성(우리나라의 보건복지부)의 한 살 반 검진 강화를 크게 보도하며 권위 있는 소아과 의사의 말을 게재했다.

"갓난아이의 발육에 가장 중요한 것은 어머니와 마음의 유대, 서로의 신뢰관계가 잘 맺어져야 한다. 이것을 '모자 상호작용'이라고 하는데, 이 상호작용이 잘 확립된 갓난아이는 장래 사회에서 여러 문제를 스스로 해결할 수 있는 힘을 갖는다. 그러나 불안정한 경우는 부모와 자식의 관계가 무너지거나 심신질환에 걸릴 확률이 높아진다. 이 상호작용이 출생 후 3년 안에 만들어지기 때문에 한 살 반에 심리를 판정하는 것이 꼭 필요하다."

이 기사를 둘러싸고 각각의 가정에서는 어떤 말들이 오고 갔을까? 어머니는 자신의 역할이 중요하다는 사실을 깨닫고 일부는 불안감을 느끼거나 일부는 긍지를 느끼면서 '일하는 것을 그만두자'라고 생각했을지도 모른다. 그리고 아버지는 '역시 아이한테는 어머니가 중요하구나. 나는 열심히 일할 테니 아이를 부탁해'라는 생각을 했을지도 모른다. 결국은 어머니와 아이의 '유대'라는 이유로 어머니를 집 안에 가둬버리거나 아버지와 아이의 관계를 단절시켜버리는 결과를 초래한 것이다.

이런 대중매체의 기사가 '어머니는 집에 있을 것', '아이에 관한 책임은 어머니에게 있다'라는 여론을 형성하는 데 크게 가담한 것은 사실이다. 그것이 어머니에게 중압감을 느끼게 하거나 한편으로는 분발하게 자극해왔던 것이다.

소아과 의사가 언급한 기사 속에서도 몇 가지 짚어볼 문제가 있다. 먼저 어린아이에게 소중한 것은 어머니만이 아니다. 둘째, 그것만으로 일생이 잘 풀릴 정도로 인생은 그리 간단하지 않다. 셋째, 부모와 자식의 관계를 일방적인 전문가의 심리감정으로 판단하는 것은 문제다.

앞의 기사를 내 방식으로 고쳐 쓰면 다음과 같다.

"갓난아기에게 소중한 것은 주변 사람들과 관계 속에서 아기가 안심하고 생활하는 것이다. 즉 어머니와 아버지, 어린이집의 친구나 어른, 이웃 사람들에게 둘러싸여 건강하게 자라는 것이다. 하지만 사람이 인생을 살아가는 데는 여러 가지 일이 있다. 아이도 부모도 넘어지는 일이 분명히 있겠지만, 인생은 길고 아이가 가지고 있는 성장의 힘은 매우 강하기 때문에 걱정하지 않아도 된다. 어머니만이 아니라 아이에게 호의를 가진 많은 사람들에게 연결되어 있다면, 여러 체험을 하면서 아이도 부모도 괜찮은 인생을 걸어갈 수 있는 것이다."

중요한 것은 부모도 아이도 고립되지 않게 여러 사람과의 관계를 만드는 것이다. 어머니와 아이의 서로 믿는 관계가 필요 없다는 것은 물론 아니다. 하지만 아이가 자라는 데 무엇보다 필요한 것은 다양한 사람들과의 관계이다. 특히 '어머니와 아이의 관계'처럼 '아이와 아이의 관계', 그리고 '아버지와 아이의 관계'도 당연히 중요하다. 이 관계는 사실 아이뿐만 아니라 누구에게나 필요한 것이다.

'아이를 반기는 어머니'의 사회적 배경

'어머니'는 아이와 집에 있는 것이라는 의식을 만드는 세 번째 주문은 "아이가 학교에서 돌아왔을 때 '어서 와'라고 말해주지 않으면 안 된다"라는 것이다. 이 표현은 구체적인 장면을 분명하게 말하고 있기 때문에 어머니를 걱정하게 만드는 데 효과적이다. 나는 이 주문에 '어서 와 언설言說'이라는 이름을 붙이고 싶다.[2] 이 언설도 '세 살 신화'와 '유아기와 인격 신화'와 함께 일하려는 어머니들을 강하게 막았던 주문이다.

이 언설은 문부대신(우리나라의 교육부장관) 담화에 등장하면서 적극적이고 지속적으로 세상에 알려졌다. 1987년 문부대신이 한 공식적인 장소에서 "아이의 의무교육 기간 중에는 여성은 가정에 있는 것이 바람직하다"라고 했다.

"막내아이가 의무교육을 받는 중에도 일하는 어머니들이 절반이 넘었다. 남녀평등으로 밖에서 일하는 것은 알겠지만, 진심으로는 가정에 돌아가는 것이 좋다고 생각합니다. 일을 하려면 아이가 성년이 된 이후에 했으면 합니다"(〈요미우리신문〉 1987년 5월 16일자).

2) 언설言說은 말로써 설명함, 또는 그 말이란 뜻이다.-옮긴이.

이 발언은 아이가 성년이 된 이후의 중년여성에게 회사는 기회를 주지 않기 때문에 사실상 어머니가 된 이상 여성은 계속 가정에 있었으면 한다는 의미다. 이것은 정재계의 의향을 대표하고 있을 것이다. 그 발언에 대항해 여성 측의 움직임도 만만치 않았다. 그중 하나가 초등학생 보육을 만들고 늘리자는 운동이다.

인간에게 집은 물리적·정서적 터전 같은 것이기 때문에 약자의 입장에 있는 아이에게는 기댈 수 있는 중요한 장소다. 나갔다가 돌아왔을 때 안심할 수 있는 분위기가 조성되는 것은 부모에게서만 느낄 수 있는 것은 아니다. 사실 그것은 아이를 잘 아는 다른 어른들이 맞이해줄 수도 있다.

어른들이 집 주변에서 일을 하던 과거에는 아이가 집 근처로 왔을 때 얼굴을 아는 어른 누군가가 이름을 부르면서 "어서 와라"라고 했다. 아이들은 자신의 집 주변, 즉 논이나 밭 같은 곳에서 그 말을 듣고 마음대로 시간을 보냈다. 아이들의 역할도 나눠져 있어 친구들과 토끼풀을 베거나 달걀을 모으기도 했다. 마을 안에서도 자영업으로 살아가는 사람들이 많았기 때문에 아이들 역시 "어서 와"라는 말을 들을 수 있었다. 그래서 어머니가 특별히 "어서 와"라고 할 필요도 없었다. 그리고 어머니가 지금 어디에서 일을 하고 있는지 등을 누군가가 알려주었기 때문에 아이도 안심하고 지내는 데 아무런 문제가 없었다.

집으로 돌아가는 아이의 문제가 조명되기 시작한 것은

1960년대부터의 일이다. '어서 와' 문제가 출현한 것은 산업 구조의 변화와 함께 어른들의 일하는 방식이 변했기 때문이다. 집 주변에서 일하던 방식은 산업사회에서는 생활 터전과 어느 정도 떨어진 공업단지 같은 곳에서 일하는 것으로 바뀌었다. 그래서 집을 지키는 아이들이 대량으로 등장했고, 이 아이들을 '열쇠소년'이라고 불렀다.

1963년 자료에 의하면 '열쇠소년'은 "맞벌이부부가 등장하면서 아파트 단지에 사는 사람들 사이에 열쇠소년이 등장"이라는 글에서 나타난다. 사실 이 표현에는 문제가 있다. 정확하게는 맞벌이부부가 등장해서가 아니라 직장과 주거의 거리가 멀어져 사람들의 일하는 방식이 바뀌었기 때문이고, 그리고 그때까지는 대부분의 부부가 함께 일해 왔기 때문이다. 텅 빈 지역에서 아이를 어떻게 하는가의 문제는 부모나 국가에게 중요한 문제였다.

아파트 단지에 사는 많은 어머니는 전업주부가 되어 아이와 남편을 기다리는 것을 일이라고 여길 수밖에 없게 되었다. 남편과 부인이 좋든 싫든 상관없이 함께 일하던 시대에 '남편은 밖, 부인은 안'이라는 성별 분업마저 바뀌게 된 것이다. 결국 여자는 '어서 와 담당'을 근무하는 결과를 초래한 것이다.

기업사회에서 남자들의 능력을 최대한 활용하기 위해서는 남성의 에너지를 온전하게 잘 유지시켜주는 것이 국가와 자본의 입장에서는 매우 중요했다. 그런 사회적인 흐름 속에서

'여자는 집에서 기업전사를 맞이하고 치유하며 아이를 양육하는' 것이 '올바른 주부' 캠페인으로 전개되었다. 그 일환으로 '어서 와'라는 언설도 유포된 것이다. 거기에 대중매체와 전문가들이 대거 가담함으로써 '세 살까지는 어머니가', '유아기야말로 중요' 같은 말들과 함께 '어서 와'는 아이를 둔 어머니한테 또 하나의 족쇄가 되어버렸다.

'주부들 집에'의 정책 속에서

전문가들은 많은 이야기들을 한다. 어머니를 위한 육아서적에는 다음과 같은 표현들을 엿볼 수 있다. '텅 빈 집에서 기다리는 열쇠소년', '혼자서 간식을 먹는 아이', '어른이 상상하는 이상의 쓸쓸함', '아이와 돈 어느 쪽이 더 중요한가', '상냥한 얼굴로 '어서 와'라는 말이 중요', '어머니가 만드는 환경이 아이를 만든다', '어머니 자신이 최대의 환경' 등이다.

1960년대의 대중매체는 이 주제를 계속해서 다루었다. 예를 들어 〈아사히신문〉의 '늘어나는 열쇠소년-바라는 건 엄마가 집에 있는 것'(1965년 11월 3일자), '위험한 아이들-비행화非行化의 주변'(1965년 12월), 남성 사회학자들이 조사한 '아이의 비행, 어머니의 역할'(1968년 9월 1일자) 같은 기사들이다.

또 4월에 '1학년을 둔 어머니에게'라는 전문가 글에서 상냥하게 맞아주는 어머니의 이미지가 다음과 같이 묘사되어 있다.

"집에 돌아오면 어머니는 상냥하게 '피곤하지, 간식 먹자'라고 해주세요. 가방을 던져두어도 야단치지 말고 어리광피우게 해주세요"(1966년 4월).

여기에도 '어머니는 집에'라는 전제가 있다.

유아기가 중요하다고 해서 집에서 지내던 여자들은 아이

가 학교에 들어가자 이제 끝났다고 생각했는데, 이번에는 "어서 와"야말로 중요하다는 새로운 족쇄가 채워지는 것이다. 중학교에 들어갈 때에는 '비행에 빠지지 않도록 부모는 눈을 떼지 않아야 한다'라는 새로운 대사가 등장하고, 그다음에는 '노인을 돌보는 것은 주부의 손으로'라는 문구로 이어진다.

'여자는 집에'는 단순히 구시대적인 발상이나 봉건적 태도의 문제가 아니라 국가와 자본이 진행시켜온 정책의 문제인 것이다. 보육이나 복지 관련 사업은 세금을 사용해야 하기 때문에 주부의 노동을 이용한 것이다, 말하자면 '싸게 먹히는 정책'인 것이다. '어머니'들이 스스로 행동할 수 있도록 의도적으로 그런 의식을 만들었다고 할 수 있다.

“어서 와”라는 말과 파트타임 노동

여기서 여성의 임금차별 문제를 한번 짚어보자. 정말 납득이 잘되지 않지만, 현재 여성의 평균 임금은 남성의 절반 정도에 불과하다. 그리고 젊은 여성에게는 취업의 문턱조차 높다. 하물며 중년여성에게는 그 좁은 문도 아예 열리지 않는다. ‘남녀고용 기회균등법’은 허울뿐인 것이다.

여성의 근무연한이 짧은 것은 저임금 때문이다. 출산이나 결혼으로 그만둘 수밖에 없는 불가피한 사정이 여성의 노동을 값싸게 만든다. ‘경제대국 일본’이 여성의 임금을 크게 깎아온 결과인지도 모른다. ‘남자는 결혼하면 한 사람 몫, 여자는 결혼하면 반 사람 몫’이라는 말도 있지만, 그 말은 결혼하면 남자는 여자라는 시중드는 사람을 갖는다는 의미일 것이다. 어쩌면 여성의 임금차별은 이렇게 강한 차별의 뿌리에서 비롯된 것일지도 모른다.

“어서 와”라는 말과 관련해서 생각해보자. “아이가 학교에서 돌아왔을 때에 “어서 와”라고 하지 않으면 나중에 문제가 된다”라는 말이 초등학생 어머니들에게 퍼진 이면에는 주부의 파트타임 노동력을 확보하려는 자본가의 의도도 있는 것이 확실하다. 주부의 파트타임 노동력이 일본의 경제성장을 떠받치고 있기 때문이다.

파트타임 노동제도는 단시간 노동, 저임금, 빈번한 계약 갱신이라는 세 가지 특징을 가지고 있다. 단시간 노동은 여성은 '가정이 먼저'라는 생각이 전제되어 있다. 그러면 일은 나중이 되기 때문에 저임금이어도 괜찮다는 것이다. 그리고 경기나 고용주의 사정으로 언제라도 고용이나 해고가 가능하다. 또한 승급이나 일시금, 퇴직금도 필요 없고, 각종 보험이나 연차 휴가도 풀타임으로 일하는 사람과는 엄밀하게 구별할 수도 있다. 더욱이 출산이 끝난 연령의 어머니는 출산휴가나 육아휴직 같은 모성보호 규정을 적용하지 않아도 된다. 그리고 파트타임 노동자는 노동조합에 가입되지 않아서 통제하기도 쉽다. 자본가 입장에서 보면 인건비 절약뿐만 아니라 여러 가지 이익이 있기 때문에 일석삼조의 이득을 얻을 수 있는 것이다.

그리고 주부들은 가사노동으로 몸에 배인 꼼꼼함과 성실함 때문에 일을 빨리 처리하고 요령도 좋다. 파트타임 어머니만큼 자본가들에게 편리한 노동력은 없는 것이다.

지금까지 전문가가 퍼트린 '어서 와'라는 말과 그것을 활용한 정책의 강한 연관성을 살펴보았다. 그것이 '모성 신화'에서 해방되기 위한 하나의 전제라고 생각하기 때문이다.

'주부'와 '어머니'를 묻는 논쟁

이런 상황을 여성들이 침묵하고 있었던 것은 아니다. '집에서 기다리는' 역할을 하는 '주부'란 무엇인가, 주부는 직업인가, 그리고 '주부 역할'을 어떻게 받아들여야 하는가 같은 토론이 1950년대 중반부터 다양한 지면을 통해 활발하게 이뤄졌다. 그것은 뒤에 '주부 논쟁'이라고 불리는 중요한 흐름을 만들었다. 예를 들어 〈주부라고 하는 제2직업론〉(이시가키 아야코石垣綾子, 1955), 〈주부 제2직업론의 맹점〉(사카니시 시호坂西志保, 1955), 〈가사노동은 주부의 천직이 아니다〉(시마즈 치토세嶋津千利世, 1955), 〈남녀분업론〉(큐 에이칸邱永漢, 1957), 〈주부 노동의 가치〉(미즈 타마에水田珠枝, 1960) 등이다(우에노 치즈코上野 千鶴子 편, 《주부 논쟁을 읽다》). 그리고 여성뿐만 아니라 〈현대 주부론〉(츠루 시게토都留重人, 1959), 〈아내 무용론〉(우메사오 타다오梅棹忠夫, 1959), 〈어머니라는 이름의 비장의 카드〉(우메사오 타다오, 1959) 같은 남성의 발언들도 주부 논쟁을 활성화시켰다. 특히 우메사오 타다오의 주장은 1990년대까지 '주부'의 본질을 예리하게 꿰뚫었다.

"'오쿠상奥さん(남의 아내를 부르는 말)'은 무사武士 가문에서 비롯된 말로 일하지 않는 여자들을 일컫는다. 이 말은 일본의 가사 노동이 주부의 권리를 확립하기 위해 필요한 발명품이

고, '노동을 위장한 부풀린 집안일'이라고 이름 붙이는 등 '주부'로 안주하려는 여성들에게는 지독한 표현이지만 그 본질은 쉬운 논지이다."

그리고 더욱이 다음과 같이 결론을 내리고 있다.

"…… 구태여 아내의 존재 의의를 발견하려고 하면 할수록, 아내는 점점 더 괴상한 존재, 이상한 제도로 추락할 것이다. 그 탈출구로는 여성 자신이 남성과 같아지도록 하나의 사회적 직업을 가질 수밖에 없다.…… 사회는 기본적으로는 그 방향으로 똑바로 나아가고 있는 것 같다."

이 문장은 오래전 우메사오의 지적이지만 맞는 말이다. 하지만 여기서 맞지 않은 것은 '똑바로 나아가고 있는 것 같다'라는 문장이다. 1992년 육아휴직법은 여러 문제점을 안고 간신히 통과되었다. 하지만 이 법이 통과된 지 3년 뒤에도 휴직하는 사람은 여성뿐일 정도로 육아휴직을 하는 남성은 0.2퍼센트에 불과했다.[3)]

한편 우메사오는 '어머니라고 하는 이름의 비장의 카드'라고 표현한다. 현대 가정에서 '아내'보다도 더욱 강력한 발명품은 '어머니'이고, 그것은 '모성애'가 시대의 산물로서 버젓이 통용되어 여자는 어머니로 승부하게 됐다고 지적한다. 그리고 그것은 여자의 인생의 상실과 같은 것이다. "'어머

3) 육아휴직법은 2009년에 '육아·간호 휴직법'으로 명칭이 개정되었다. 3세 이하 자녀를 둔 부모는 단시간 근무와 잔업을 면제받게 되었고, 아이가 아프면 일정한 기간 동안 간호하고 휴가를 보낼 수 있게 되었다. 하지만 여전히 남성의 육아 휴직은 진전이 없는 상황이다.-필자.

니'라는 이름의 성벽 안에서 한 명의 살아 있는 인간으로서의 여자를 구해내기 위해서는 도대체 어떻게 해야 좋은 것일까?"라고 우메사오는 원고를 끝맺고 있다. 여자가 아내와 어머니만이 아니라 한 명의 인간으로서 인생을 걸어가는 것에 대해서 이렇게 명쾌하게 찬성을 하는 남성도 있었지만 그것은 소수의 주장에 그쳐 "어머니는 집에"라는 주장에 파묻혔다.

여성과 남성을 나누지 마라

한편에서는 일하는 부모들을 위해 방과 후 아이들이 지낼 장소로 초등학생들의 보육 장소를 늘리는 운동이 벌어졌다. 1962년에 '도쿄 초등학생 보육소 연락협의회'가 발족했고, 이런 민간의 움직임으로 인해 행정부에서도 발을 맞출 수밖에 없었다.

'열쇠소년'이라는 말이 등장한 1963년에는 도쿄 민생국(사회복지 담당 부서)이 '초등학생 보육보조 사업'을 개시했다. 전국의 운동을 연결하는 이 협의회는 1974년 월간지 《일본의 초등생보육》을 창간했다. 사실상 어머니가 집에서 기다리며 "어서 와" 해야 한다는 부담을 없애준 것이다. 이렇게 해서 집으로 돌아온 아이를 지역의 초등학생 보육소의 어른이 맞이하는 것은 일반적인 광경이 되었다. 1993년에는 전국의 초등학생 보육소가 7500여 곳을 넘어섰다.[4)]

여전히 문제는 직장에서의 여성의 해고다. 1995년 여름에도 여학생의 취업난 뉴스가 매일 계속되었다. 그 속에서 주부가 일자리를 구하는 것은 쉽지 않았다. 〈아사히신문〉에서

4) 기존에는 초등학교 1학년까지 운영하였으나 2015년부터는 6학년까지 이용할 수 있도록 개선되었다. 하지만 맞벌이 가정에 대한 지원은 여전히 미흡하고 개선이 필요하다.-필자.

는 마흔한 살의 주부가 시간제 일마저도 얻기 힘든 상황을 보도했다.

"주부의 취업은 '빙하기'나 다름없다.…… 주부가 밖에서 일하고 싶다는 것은 아이의 잠꼬대와 같다"(〈아사히신문〉 1995년 7월 12일자).

일본 사회는 아직도 여성을 내쫓는 분위기다. 직장에는 넥타이를 맨 와이셔츠에 양복을 입은 무리가 보이고, 한편에서는 평일 오후 학교에서 열린 학부모회에 여성으로 가득한 광경이 보인다. 그런데 이것을 여전히 당연하게 받아들이고 있다. 이제 이런 광경을 부자연스럽고 이상하다고 느껴야 한다. 만약 그 힘이 없어졌나면 그런 감수성이라도 되찾아야 할 때가 아닌가 싶다.

여자는 직장에서, 그리고 남자는 집에서 서로 뒤바뀔 수 있어야 한다. 여자에게는 노동권, 남자에게는 양육권이 필요한 것이다. 그 안에서 아이들도 안심하며 지낼 수 있다. 일본은 특히 성별을 나누어 역할을 분업하는 의식과 상태가 모두 강하다. 문부성이 일본, 한국, 태국, 미국, 영국, 스웨덴 등 6개국을 대상으로 '가정교육에 관한 국제 비교조사'(1994)를 한 것에 의하면 평일에 아버지가 아이와 함께 지내는 시간이 평균 3.32시간으로 일본이 6개국 중 가장 짧았다.

현 상태의 문제를 해결하는 것은 분명히 어렵다. 하지만 지금 같은 상태가 바뀔 가능성이 낮다고 비관적일 필요는 없다. 여자는 집에서 '아이가 전부'인 인생으로 가자는 생각이야말로 절대 쉬운 길이 아니다. 아이에게 어머니의 인생을 대신하여 살게 할 수는 없기 때문이다.

남녀의 역할 서로 바꾸기

어린아이를 가진 대부분의 어머니는 '아버지가 늘 직장에 있기 때문에 편모가정이나 다름없다'라는 생각을 한다. 어떤 사람은 '느긋하게 욕탕에 한번 들어가는 것이 바람'이라고 말한다. 어린아이는 혼자서 씻거나 옷을 입을 수 없기 때문이다. 또 "아이 일로 걱정이 있어 남편과 상의하고 싶은데, 남편은 그럴 시간이 없어요"라고 한탄하는 아내도 많다.

마찬가지로 남편도 아침에 출근하는데 아이가 "또 와"라고 해서 충격을 받았다는 말도 들었다. 이처럼 남성은 남자들이 너무 일만 하는 상태이기 때문에 이런 상황을 바꿀 계기를 마련하지 못한다고 생각한다.

병원 직원인 30대 남성의 말을 들은 적 있다. 그의 직장에는 남편과 아이가 없는 여성만 근무하는데 그들이 늘 늦게까지 일을 해서 혼자서 정시에 퇴근하는 것은 사실 곤란하다고 했다. 그런데 어린이집을 마중 나가거나 식사 같은 아이의 생활은 기다림이 없다. 그래서 어머니는 근무시간에 예민해질 수밖에 없고, 정해진 시간에 일도 정리해야 한다. 만약 남자 중 한두 명이 "아내가 잔업이라서 나는 오늘 유치원으로 아이를 데리러 가야 해"와 같이 말할 수 있으면 남자도 집으로 돌아갈 수 있는 계기를 만들 수 있을 것이다. 말하자면 직장과 생활의 접점을 갖는 것이다. 그것이 변화의 실마리가 된다.

사실 이것은 쉬운 이야기가 아니다. 빨리 퇴근할 준비를 하는 여성과 직장의 주인인 남성으로 구분되기 때문이다. 이러한 완고한 남성 중심의 회사 문화를 조금씩이라도 흔들기 위해서는 '여자도 밖, 남자도 안'이라고 해서 서로 역할을 바꿔보는 것이다. 그중에는 지나치게 일하는 남성 중심의 회사를 바꾸고 싶다거나 느긋하게 시간을 가지고 사람들과 관계를 맺고 싶어 하는 남성도 분명히 있기 때문에 가능하다.

병원에서 어린아이들을 맡아 시간제 상담을 하고 있는 여자가 이런 이야기를 해주었다. 남편은 출판사에서 매우 바쁜 마케팅 직원이다. 그는 아내가 출산할 당시 옆에서 함께 있었다. 그런데 아이가 태어난 지 3일 만에 갑자기 "회사를 그만둘 거야!" 하더니 아이와 함께하는 시간을 더 많이 가질 수 있는 간호 관련 직장으로 옮겼다. 그곳에 있던 여성들은 하나같이 좋은 남자라고 격찬을 했다. 분명 그는 아내와 함께 출산이라는 인간의 행위와 아이의 탄생을 체험했기에 무엇인가를 결정한 것이다.

자신을 소모시켜온 일에 새삼 깨달음을 얻어 아이 기르기에 참여하고 가족과 함께하는 삶을 선택하려고 하지 않았나 싶다. 이것이 가족의 행복이다. 그런 새로운 생각이 젊은 세대에서 생겨나는 것에 조그마한 희망이 엿보인다.

그리고 여기서 중요한 사실은 그가 아내에게 '회사를 그만둘 거야'라는 말을 할 수 있었던 것은 출산 뒤에도 아내가 당연히 일을 계속하려고 생각했기 때문이다. 아내가 그러지 않았다면 그가 직장을 옮기는 것이 불가능했을 것이다. '여자의 자립, 남자의 자유'는 칸 카타유키菅孝行의 책도 있지만, 앞에서 한 이야기는 '여자의 자립, 남자의 자유'의 실제 예인 것이다.

어머니날보다는 내 생일을

지금까지 '어머니'의 권리를 주로 일하는 권리에 한해서 말했다. 하지만 '어머니'의 권리를 첫 번째로 생각한다면 자신의 이름을 갖는 것이다. '모성 보호'도 물론 중요하지만, 그것도 먼저 직장을 얻고 나서의 이야기다.

'어머니'에게도 '아이'에게도 권리를 말한다면, 그것은 한 명의 인간으로서 자별받지 않는 것이라고 말할 수 있다. 한 명의 인간이란 바로 자신의 이름을 가진 인간이다.

'아이들의 권리협약'을 스웨덴 시민사회단체에서 어린아이를 위해 새로 수정해서 만든 책이 있다(일본어로 번역된 책은 오가사 타게시가 감수한 《아이의 권리-초등학생용》이다). 이 책에서는 다음과 같이 시작하고 있다.

"아이는 모두 소중.

나도 소중.

저도 소중.

아이는 모두

자신의 이름을 가질

권리가 있다.

내 이름은 ○○○

제 이름은 ○○○"

마찬가지로 '어머니'라고 불리는 여성도 자신의 이름을 가질 권리가 있다. '엄마'나 '부인'이 아니라 자신의 이름을 소중히 해야 한다. 자신의 이름은 집 안에서 사회로 나가면 분명하게 인식된다. 집 안에서는 아이뿐 아니라 남편한테 '어머니'나 '부인'으로 끝나버리기 쉽다. 이름이 제대로 정립되지 못한 관계에서는 자신의 역할이나 한 인간으로서의 의식조차 엷어지게 된다.

그러므로 '어머니날'보다도 자신의 생일을 소중하게 생각해야 하는 것이다.[5] 남편이나 아이에게도 '어머니'와 '아내'는 분명히 이름을 가진 한 명의 인간임을 제대로 전달해야 한다.

어머니도 당연히 한 사람의 인간이다. 그 말은 사회 구성원으로서 자신의 몫을 다하고 가족이나 주변 사람들과 함께 평범한 삶을 살아가는 것이다. 일을 가지고 있다는 것은 '생

5) 5월 8일을 어버이날로 지정한 우리와 달리 일본은 매년 5월 둘째 주 일요일을 어머니날로, 6월 둘째 주 일요일을 아버지날로 정하고 있다.–옮긴이.

명력이 넘치는 여성'이라는 표현과 하나가 되어 일을 가진 것만으로도 특별한 의미가 부여된다. 하지만 그런 생각이 '일을 가진 어머니'와 '일을 갖지 못한 어머니'로 구분하기 때문에 조심해야 한다.

'무엇과도 바꿀 수 없는 대단할 것 없는 나.'

한 신문에 실린 행사의 제목으로 눈에 띄는 매우 인상적인 표현이었다. 별로 대단할 것 없는 나와 우리, 그러나 무엇과도 바꿀 수 없는 나와 우리. '어머니'도 이름을 아무렇지 않게 말하고 당연하게 일하고 싶다. 걷기 힘든 먼 길이지만 그 길밖에는 없으니까 말이다. 그 길을 소중하게 걸어가는 것이 함께 살아가는 아이의 권리도 모독하지 않는 길이기도 한 것이다.

"어떤 사회에서 여성의 해방도는 그 사회에서 사람이 일반적으로 어느 정도 해방되어 있는가의 자연스런 척도이다"라는 말이 있다. 여성의 해방을 향한 한 사람의 걸음은 누구라도 살기 쉬운 세상과 연결되어 있는 것이다. 지금 당장은 움직이지 못해도, 지금 당장은 무엇인가를 바꾸지 못해도, 목표하는 것을 느긋하게 끊임없이 모색해야 한다. 그리고 사람과 사람이 만나는 삶을 계속 움직여나가야 한다. 이러한 우리의 노력이 아이 세대에게 어떻게든 받아들여지고 이어나갈 수 있도록 말이다.

끝내며

"살아가는 것이란 쉽지 않아도 아주 나쁘지도 않아."

나는 지금 아이들을 향해 열심히 그렇게 말하고 싶다. 특히 최근에는 그런 생각이 더 강해졌다. 왜냐하면 '어른이 되고 싶지 않다', '회사에 가고 싶지 않다'라는 아이나 젊은이의 목소리를 듣는 일이 점점 많아지고 있기 때문이다.

아이가 살아가야 할 길은 아직 많이 남아 있다. 그 길에서 조금이라도 빛을 발견하며 즐거움을 찾아가는 것이 아이가 가진 지혜이고 힘이라고 생각한다. 그것이 허용되는 것이 아이들의 권리의 기본이다. 배울 권리도 의견을 표현할 권리도 이 기본의 토대가 있기 때문에 가능하다.

그런데 초등학생들은 "어른이 되어서 어떻게 될지는 지금의 학교와 일이 바뀔 뿐이겠지", "어른은 혼자 힘으로 살아야 해서 즐겁지 않아 보여. 그러니까 어른이 되고 싶지 않아"라고 말한다. 그리고 대학생들은 "아버지와 같은 삶을 살고 싶지는 않지만 그걸 대신할 삶을 찾기는 매우 어렵다"라고 이야기한다. 나는 지금 이처럼 갈 길이 막혀 있다고 느끼는 아이들의 세계가 신경이 쓰인다. '왕따'라는 짓궂은 발산 방법도 숨길 수 없는 이러한 좌절감과 연결되어 있다고 생각한다.

인간이 여유로워지는 동안 환경은 깊은 상처를 입었다. 그래서 미래의 희망을 보는 것이 쉽지 않다. 하지만 쉽게 포기할 수 없고 포기해서도 안 된다. 아이들은 앞을 향해 살아가지 않으면 안 되기 때문이다.

부서지고 잃어버린 것이 많다. 하지만 한편으로는 만들어져 온 길도 있다. 사람과 사람이 상하관계에서 나란히 서는 대등한 모습을 목표로 하는 걸음이 앞으로 갔다 뒤로 갔다 하면서도 나아가고 있다. 그 걸음을 함께하는 것으로 어른도 아이도 희망과 살아가는 힘을 얻을 수 있지 않을까 한다. 아이 옆에서 여자와 남자가 함께 일하고 서로 소중히 여기며 함께 살아가는 곳에서는 아이의 권리도 미래도 존재할 것이다.

제2부 제목에 '어머니의 권리'를 붙인 이유가 여기에 있다. 어머니의 인생을 포기하면서 아이에게 자신의 인생을 살게 하려고 하는 풍조는 끝내야 하기 때문이다. 대신 '아버지의 권리'는 남성이 직접 열심히 만들어갔으면 한다.

여자와 남자, 아이와 어른의 관계를 역사 속에서 깨부숴 온 사람들의 마음, 거기에 이어서 앞으로의 길에 빛을 발견하는 일을 각각의 장소에서 진행시켜 가고 싶다. '살아가는 것이란 다 나쁜 것이 아니야'라고 아이들과 서로 말하면서.

마지막으로, 협약의 번역문을 사용하게 해준 국제교육법 연구회, 작품의 게재를 허락해준 미츠하시 치카코みつはし ちかこ, 또 이 책을 편찬하는 데 여러 도움을 준 니시가이 어소소시에이츠 편집국의 오자와 요우코小澤陽子에게 깊은 감사를 드린다.

1995년 10월
오자와 마키코

옮긴이의 글

인간의 존엄성, 평등을 말하다.

"박 선생! 번역 한번 해보겠어요?"

어느 무더운 여름날 은사님의 전화를 받았다. 그렇게 은사님의 권유로 시작하게 된 이 작업은 제법 찬바람이 부는 겨울이 되어서야 마무리가 되었다.

지난 10여 년간 심리학 공부를 해왔고, 또 나름의 임상경험이 있어서 자신 있게 시작한 번역 작업은 생각보다 많이 힘들었다. 오자와 마키코 선생의 가치관과 나의 가치관의 차이, 평일 저녁 시간과 주말을 잃어버린 것, 아들과의 시간을 빼앗겨버린 것, 고어古語들이 많이 사용되어 번역상의 애로점이 있었던 것 등이 그랬다. 그리고 가장 힘들었던 것은 원작자의 의도를 왜곡하지 않기 위해 원고를 다듬는 일이었다.

하지만 이런 것들을 이겨낼 수 있었던 것은 아들과의 약속 때문이었다. 바로 아빠의 이름이 새겨진 책을 아들에게 선물하기로 약속했기 때문이다. 그러나 이 책의 후반부를 번역하면서 또 한 번 난관에 봉착했다. 회사 일로 바쁜 아빠를 자주 보지 못하는 아이가 아빠가 출근하는데 "또 와!"라고 말하는 부분이었는데, 이 말을 번역하는 순간 갑자기 머릿속이 멍해졌다. '내가 지금 잘하고 있는 것인가?'하는 의문이 들었기 때문이다. 아들과의 약속을 지킨다는 핑계로 '내가 아들과의 소중한 시간을 흘려보내고 있는 것은 아닌가?'라는 자기반성도 들었다. 그러나 이 책의 번역을 통해 우리 아들의 권리, 나아가서 아이들의 권리를 독자들에게 전하는 데 조금이라도 일조했다면 그것으로 만족한다.

"자연은 결코 시간과 계절의 경계를 나누지 않는다"라는 말이 있다.

이 책에서 우리는 어른과 아이를 '나이'라는 구분으로 나누고 있다는 것을 알 수 있다. 사실 우리 사회도 마찬가지이다. 나이뿐만 아니라 수많은 구분이 그 형태를 달리할 뿐 우리 사회에 엄연히 존재하는 것이 현실이다.

나는 오자와 선생의 남성과 여성, 어른과 아이가 아닌 인간 본연의 권리에 주목하고 싶다. 그것이야말로 오자와 선생이 말하는 진짜 이야기가 아닐까 생각한다.

사실, 이 책이 나오기까지 참 많은 분들의 도움을 받았다.

먼저 작업 내내 많은 조언을 주신 김정남 교수님, 그리고 작업 기간 내내 응원과 지지를 해준 우리 경상대학교 산업 및 조직 심리학 연구실 식구들에게 감사의 말씀을 전한다.

또한 나의 짧은 일본어 실력 때문에 수십 통의 국제전화를 아무 말 없이 받아준 일본 홋카이도 대학원에서 Post-Doc 과정 중인 현진이, 그리고 조금은 엉뚱한 나를 믿고 원고를 주신 서현사 조재성 사장님, 부족한 번역 원고를 교정하시고 편집해주신 서현사 편집부 직원들에게도 감사하다.

번역 기간 중 우연한 기회로 TEDx GNU의 첫 번째 강연자로 나서게 되었을 때 저를 도와주신 TEDx GNU 관계자 분들, 작업 마지막 날 무려 4시간이나 기다려 소주잔을 기울여준 친구 이동훈 박사와 김대준, 이 모든 분들께도 감사를 전한다.

끝으로 이 세상에서 가장 소중한 단 한 사람, 아들 세진아. 아빠가 잘 놀아주지 못해서 미안해. 하지만 아빠는 세상 그 누구보다 널 사랑한다.

2016년 5월

박정훈

감수자 – 이철웅

(사)한국인간관계연구소 대표, 교육학박사

감수자 이철웅은 동두천 및 의정부에서 초・중・고등학교를 마친 뒤 목포교육대학을 졸업하고 십수 년간 초등학교 교사로 봉직하였다. 교사 재직 중에 건국대학교 및 고려대학교 교육대학원에서 상담심리학을 전공했고, 일본문부성 초빙유학으로 일본 기후岐阜대학에서 교육 및 심리측정을 연구했으며, 귀국 후 세종대학교 대학원에서 교육학 박사학위를 받았다.

의정부 및 양주지역에서 초등학교 교사, 경기노예절교육연수원 교육연구사, 교감 및 교장을 두루 거쳤고, 교육연구관으로 교육연수원에서 다년간 근무했으며, 포천교육장을 역임했다.

교육현장의 다양한 경험을 바탕으로 학교교육 컨설팅 및 위기청소년 상담을 주 업무로 하는 사단법인 한국인간관계연구소를 창설하여 대표로 활동하고 있다. 또한 상담심리학과 심리측정학에 대한 다양한 연구와 저서를 집필했으며, 이를 바탕으로 한국인간관계연구소의 부설 기관인 '푸른마음 가이던스 센터'를 중심으로 상담과 연구활동을 활발하게 진행하고 있다. 의정부지방검찰청의 청소년상담위원으로 봉사하고 있고, 40여 년 가까이 스카우트 활동을 하면서 청소년 활동에 남다른 열정을 가지고 있다.

저서로는 《교사여, 칠판으로 돌아가자!》, 《교직실무 이론과 실제》, 《생활지도와 학교상담》, 《교육상담과 생활지도 연구》, 《교육 및 생활지도 연구방법론》 등이 있다.

옮긴이 - 박정훈

꿈을 잃어버리지 않은 심리학자. 꿈을 향해 끝없이 도전하고 실패를 극복하며 성장하는 사람을 꿈꾼다. 또한 지식을 갈구하며 끊임없이 공부하고, 묵묵히 한 길을 걷는 심리학자이고 싶다. 현재 푸른마음 심리학연구소 대표 연구자이다. 대학원에서 가족상담학과 산업 및 조직심리학을 전공하였으며, 저서로는 《회복하는 피해자학》(공정식 외 공저)이 있다.

한국심리협동조합 이사, 안전문화포럼 이사, 창원지방법원 가사조정위원이다. 2015년 11월에는 TEDx GNU에서 "조직은 결코 창의적인 인재를 원하지 않는다"라는 주제로 강연을 하기도 했다. 경남재난심리지원센터 PTSD 전문상담원이자 대한적십자 심리사회적지지 강사로도 활동하고 있으며, 신문사의 칼럼리스트로 활동했다.

오자와 컬렉션 ❹

아이들의 권리 부모의 권리

아이들의 권리협약을 읽다

2016년 5월 1일 1판 1쇄 인쇄
2016년 5월 5일 1판 1쇄 발행

시은이 오자와 마키코
감 수 이철웅
옮긴이 박정훈
펴낸이 조재성
펴낸곳 서현사
경기도 고양시 일산동구 중앙로 1055번지 레이크하임 206호
전화 031-919-6643 팩스 031-912-6643
등 록 2002년 8월 14일 제03-01392호

ISBN 978-89-94044-85-9 94180
ISBN 978-89-94044-72-9 (세트)

정가 14,000원